Cité de Carcassonne

L'Ame des Pierres

Par

Jules RIVALS

Auteur

de

l'Ame Terrienne

à Monsieur Maurice Sarraut,
Sénateur de l'Aude, je dédie, cordialement,
ce livre, par amitié et parce que je sais qu'il
veillera sur Elle.

J. R.

Ce livre est un mutilé.
Les dessins et les ébauches
qu'il contient ne sont là
que pour prouver ce qu'aurait été l'œuvre si le jeune
et grand artiste

Léo BRINGUIER,

qui devait la parachever,
n'avait pas été mortellement
frappé comme sergent réser-
viste au 53ᵐᵉ de Ligne,
faisant à la France, dans
un élan de courage admi-
rable et avec la foi des
martyrs, le sacrifice de sa
vie, c'est-à-dire de sa
jeunesse et de son talent.

J. R.

AVANT-PROPOS

CHAQUE monument ravagé par le temps a eu sa jeunesse radieuse comme toutes les jeunesses. Majestueux dans leur vétusté, hautains ou branlants, formidables témoins des époques dont rien n'égalera les rudesses, les souffrances et peut-être aussi la brutale grandeur, ils assistent, ces monuments, à l'évolution d'un monde dont les origines se perdent à leur pied.

Gardons-les ces ancêtres, visitons-les, glorifions-les d'un élan filial. Notre époque fiévreuse, assoiffée de mouvement, aura du mal à laisser après elle des géants à leur taille et une histoire aussi fortement retracée par les pierres, ces lettres géantes du livre du Passé.

Le Passé, fait de tout ce qui n'est plus ; qui se dresse, cruel, fatal et implacable, qui marche derrière les Cités comme derrière les hommes, ombre que rien ne peut chasser, véritable spectre qui devient plus vivant à mesure qu'on croit s'éloigner de lui.

La vie, si intense, si animée qu'elle soit, des villes et des humains, retourne vers lui à mesure qu'elle s'écoule emportant avec elle, sans s'en pouvoir jamais affranchir, les souvenirs d'antan, comme ces eaux limpides qui reflètent malgré elles les arbres de leurs rives et les nuages du ciel.

La Cité de Carcassonne fut; c'est sa vie d'autrefois qu'il faut réédifier au point de vue matériel par les affirmations paraissant le plus conforme à l'âge de ce qu'on observe, à l'époque, aux méthodes et à la raison; au point de vue immatériel, c'est-à-dire quant à l'existence, à la vibration de cette même Cité, par la sensation que doit donner à qui pense, à qui sonde la matière pour en dégager l'âme, la connaissance ou la divination de l'histoire vivante de ces temps disparus.

Ces pierres, choses mortes en apparence, doivent s'animer et revivre sous la suggestion de la pensée qui va vers elles.

Que serait cet ensemble et surtout qu'en serait le détail s'il n'y avait à y relever que d'impassibles leçons d'architecture militaire ? Qu'à étudier et discuter la forme des moellons ? Que seraient ces tours si elles n'étaient que ce qu'elles paraissent, l'ornement froid et muet de la tombe où dort tout un passé tragique ?

C'est ce passé, grossesse douloureuse et tourmentée d'un monde enfantant l'avenir, qui doit soulever la dalle qui le recouvre et déchirer son suaire dans un effort de résurrection.

J. R.

VUE D'ENSEMBLE

 la terrasse, emplacement de l'ancien évêché, au sommet
de la colline sacrée sur laquelle se dresse la basilique de
St-Nazaire, au nord-ouest des formidables défenses de la forteresse, comme à l'heure où j'écris, le passant a devant lui, autour
de lui et sous ses yeux ce prestigieux ensemble qui représente
la somme des efforts faits pour édifier et défendre, tout le long
des âges, la hautaine Cité de Carcassonne, relique des siècles,
figée dans sa ceinture de pierre.

Sa tête fière et imposante, faite des mille aspects de ses tours, de
ses courtines, de ses barbacanes, se dresse dans le ciel de notre
Languedoc, mais ses pieds s'enfoncent dans le monceau des pous-
sières d'hommes de toute race qui l'ont faite ce qu'elle est.

Les dimensions de cette ville de guerre ne permettent pas dans
une œuvre restreinte et de tendance plutôt spéciale le détail infini
de ses origines et la discussion de chaque agrès de son architecture militaire ; mais laissant de côté les querelles archéologiques
qui s'entre-choquent à propos de son histoire, on peut, en projetant
la clarté là où elle doit être, faire émerger la Cité de la cendre de

son existence, l'amener des profondeurs du temps, de ses plus lointains et séculaires horizons et la dresser vivante dans la lumière.

La position qu'elle occupe a, on le comprend, attiré toutes les races conquérantes vouées à la guerre comme à un inévitable destin.

Sans qu'il en puisse être autrement, chacune d'elles a laissé sur cet emplacement, sur cette colline et ses abords, des empreintes parfois confondues par la main des hommes et par les siècles. C'est ainsi que sans effort insurmontable, à la condition de respecter les trop insondables mystères et les trop lourds replis des ombres, on peut suivre dans ses grandes lignes, dans ses vérités apparentes et indéniables, l'évolution architecturale militaire qui, née d'un simple retranchement, est allée ensuite se développant, jusqu'au point où la Cité devenue forteresse imprenable a vu sa force de résistance annihilée par ce grand niveleur de tours, de bastions et de courtines qu'est le canon.

DAME CARCAS

Le nom de Carcassonne remonte aux plus lointaines origines. La Légende, cette ouate chaude, douce et légère qui enveloppe l'histoire des choses à leur début comme elle enveloppe au berceau les enfants nouveau-nés, a pris l'origine de ce nom dans la très vieille chronique qui raconte les exploits de la dame sarrasine du nom de Carcas, femme du roi sarrasin Balaach, durant le siège fabuleux de la Cité par Charlemagne, siège qui dura 5 ans, dit-on, et pendant lequel l'une des tours de l'enceinte, la tour Pinte, pour le saluer à son passage, s'inclina devant le grand Empereur.

Dame Carcas, dit la chronique, ayant vu périr tous les soldats par la famine, dressa le long des murailles et derrière les embrasures des tours, des mannequins de paille qu'elle arma d'arbalètes et coiffa de bonnets de diverses couleurs, puis sans s'arrêter un instant, elle fit le tour de l'enceinte et détendit seule sur l'ennemi les arcs dont elle avait armé ses mannequins.

Ensuite, pour donner aux assiégeants une idée des approvisionnements de la place et le tromper sur l'état de disette qu'on subissait, elle jeta par-dessus les remparts un porc gavé de blé. L'animal éventré par la chute répandit une telle quantité de froment mal digéré que Charlemagne découragé leva le siège.

C'est la même Carcas qui aurait incendié à l'aide des étoupes de sa quenouille les machines de guerre des assaillants.

Ce nom de Carcassonne a d'après les uns cette origine ; d'autres, comme nous le verrons, le déduisent de celui de la tribu Wolske de Carcassès, d'autres enfin du mot Karkedon ou Carthage ou du mot Carquois.

Quoi qu'il en soit, à son premier pas vers la Cité, avant même d'avoir franchi le pont-levis qui conduit aux tours narbonnaises, à droite et en avant de ce pont, le visiteur voit sur un bloc de pierre grise un buste informe de femme au-dessus duquel est grossiè-rement tracée l'inscription : SUM CARCAS.

Ce buste c'est la légende qui se dresse, qui prend corps en avant de l'histoire dont elle défend les approches, et semble dire au voyageur : « Arrête, rends hommage à ma magique et enchante-resse puissance avant d'entrer dans la Ville du Passé dont je domine les insondables mystères ».

Dans la course du temps la fantaisie a toujours orné l'histoire, mais dans chaque légende il y a une parcelle de vérité ; tel un minuscule et invisible charbon, se consumant sous la cendre, dégage dans la limpidité et la transparence de l'atmosphère d'innombrables volutes de légère fumée.

A grands traits je vais écrire à la fois l'histoire de la Cité au point de vue des races et au point de vue de son architecture mili-taire. L'évolution des peuples expliquera celle de la défense.

Les pierres se mouvaient avec les hommes dont elles formaient le gîte, l'abri, à qui elles permettaient l'offensive et assuraient la

tranquillité de la retraite. Cette défense, à la Cité, va s'alluvionnant
de l'effort emprunté par chaque occupant à son outillage, à ses
méthodes de construction, à son génie. Chaque époque répare,
renforce, complète, ajoute ou crée. La forteresse fut ainsi, durant
des siècles, une ruche en travail, un chantier perpétuel où les
ouvriers de tout art et de toute confrérie exercèrent sous des directions puissantes leur zèle et leur talent.

Ce travail se dévoile pour ainsi dire par les appareils employés.
Les pierres par leur forme, blocs romains, petits carrés wisigoths,
pierres jaunes féodales, surfaces rectangulaires et plates de St-Louis,
pierres ornées de bossages de Philippe-le-Hardi, furent l'œuvre des
hommes, mais une fois ces hommes ensevelis, elles ont été les stèles
des époques, ont fixé les dates et les temps, et, pierres tumulaires
de tous ces disparus, vont les faire revivre et les préciser devant
nous.

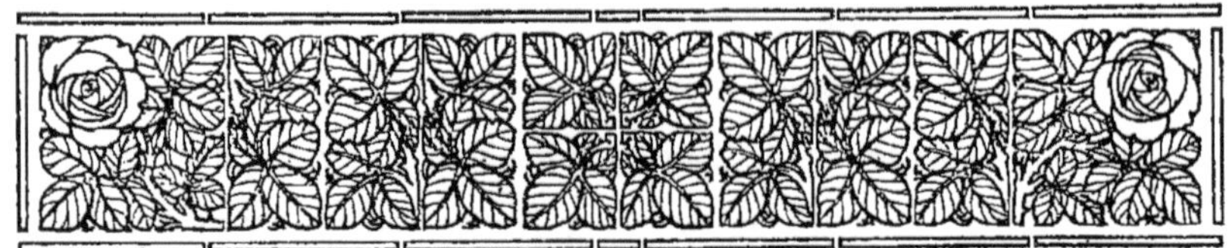

WOLSKES

C'ÉTAIT au temps où comme un vin généreux bouillonnant dans une cuve trop pleine les Gaulois avaient déversé sur le monde, de l'Espagne au Pont-Euxin, leurs bandes aventurières, avaient pris Rome et inspiraient en tous lieux la terreur de leur courage et de leurs armes.

Mais d'autres courants de peuples et de tribus se formaient, s'entrecroisaient, traversaient la Gaule, flux et reflux d'hommes jeunes, ardents, voulant conquérir un gîte, se relevant une fois gîtés, pour trouver mieux, attirés par le besoin de pillage, de conquête, sous la poussée des primitifs instincts ; puis, dans un perpétuel remous, allant, venant, s'entre-choquant, vagues humaines que gonflaient d'invisibles lois, ou immenses groupements qui se soulevaient dans un mouvement spontané, comme l'on voit les bandes d'oiseaux migrateurs sitôt avoir ployé leurs ailes les rouvrir à grand fracas tous ensemble et disparaître vers un point de l'horizon comme pour obéir à des ordres mystérieux.

Les Belges ou Wolskes qui occupaient la rive droite du Rhin avaient en avalanches, trois siècles avant notre ère, détaché de leurs régions quatre groupes dont deux vinrent se superposer aux

Gaëls et Kimris de l'est et du nord de la Gaule et les deux autres
plus audacieux, plus fortement lancés, les Arécomikes et les
Tectosages, vinrent dans leur course que rien n'arrêta, s'épandre
sur tout le territoire qu'occupaient les Ligures, entre les Pyrénées-
Orientales et le Rhône.

Les Tectosages s'établirent à Toulouse et les Wolskes Arécomikes au bord de l'Aude. Par un nouveau ressaut les Tectosages
remontèrent en partie vers le Rhin sous la poussée de l'esprit et du
besoin de mouvement qui fit de tous ces peuples avant qu'ils eussent
une nationalité, une patrie, ou tout au moins un pays, une sorte
de métal en fusion qui, avant de se solidifier, répandait en tous sens
sa lave et sa coulée.

Les Wolskes arécomikes, eux, restèrent dans le Bas-Languedoc,
mais à ce moment Annibal marchait sur Rome à laquelle il allait
livrer le combat de haine atavique que lui avait léguée son père
Amilcar. Ne pouvant s'entendre avec les Wolskes pour le passage
de son armée comme il l'avait fait avec les tribus liguriennes du
versant septentrional des Pyrénées, Annibal foula leur sol. Les
Wolskes irrités et toujours poussés par cette mobilité d'action et
de déplacement dont j'ai parlé, vinrent l'attendre sur la rive gauche
du Rhône et se firent battre par lui.

Mais l'une de leurs tribus qui avait trouvé la position dominante
de la Cité actuelle avec, à ses pieds, l'élément indispensable à
la vie, l'eau, y demeura fixée et donna d'après les uns à cette
position qu'elle fortifia le nom de Carcasso, du nom originaire
qu'elle portait lorsqu'elle était gitée au bord du Rhin, tribu Wolske
du Carcassès.

Inutile de rechercher les traces de la fortification élevée par ces ancêtres lointains ; leurs matériaux se sont probablement confondus avec ceux des fortifications qui suivirent. Peut-être, en profondeur, si on déblayait le plateau de la Cité, retrouverait-on les fondements et les vestiges du retranchement Wolske, car lorsque le pied du visiteur se pose sur la colline dont je parle il foule des siècles enfouis et la terre sacrée de tous ces préhistoriques souvenirs.

ROME

DANS ces mouvements de peuples se disputant la possession du sol qu'ils occupaient et sans boussole, sans connaissances géographiques, sans routes, sans moyens de communication, allant, marcheurs infatigables, battre les deux rives du vieux monde, il fallait s'attendre à des retours de ces marées humaines, entrecoupées d'autres courants qui du nord au sud traversaient le flux gaellique allant, lui, de l'Occident à l'Orient.

Rome vaincue par les Gaulois, victorieuse à son tour, avait failli périr sous le choc d'Annibal, mais les Romains, maîtres en l'art stratégique, forts de la discipline de leurs Légions, protégés par le génie militaire de certains de leurs consuls, après avoir plié sous le vent de la défaite, soumettaient par les armes toutes les peuplades Ligures, Celtes, Gaulois d'Italie qui avaient aidé et même celles qui avaient combattu, comme les Wolskes, le héros de Carthage vaincu à Zama par Scipion.

De l'an 120 à 118 avant J.-C. les Wolskes furent chassés du Bas-Languedoc par la pénétration romaine. De Narbonne édifiée par ordre du Sénat, les Romains s'avancèrent vers l'Ouest et remarquèrent cette position de Carcassonne qui commandait à quatre horizons.

Ce fut la terrible fin de l'ère païenne où, dans un remous de fureur guerrière incarné dans Marius, celui-ci avec 50.000 légionnaires, en l'an 102 avant J.-C. détruisit par centaines de mille les formidables Teutons ou Kimris, dans une double bataille à la suite de laquelle après avoir exterminé les combattants, les Romains durent combattre les femmes barricadées derrière les chariots des tribus et lorsque tout eût été tué, massacré, combattre encore contre les chiens de ces hordes défendant les cadavres sanglants de leurs maîtres.

Alors, dans l'éclat incomparable de son génie militaire incarné dans César (59 av. J.-C.) brisant la Gaule après le formidable effort de Vercingétorix, Rome apparut triomphante sur un monceau de peuples abattus.

Horrible vision, convulsions suprêmes, formidable éclat de la Rome païenne qui sur les races massacrées, emmenées en esclavage, torturées, allait édifier les âges futurs.

Jusqu'en l'an 440 de notre ère les Romains occupèrent la Cité. Comment ne pas admettre que, pendant cette occupation de près de 600 ans, ce peuple colonisateur et militaire par excellence, dont les chefs de guerre obligeaient chaque soir, quelles qu'eussent été la rudesse des combats et les fatigues de la marche, les Légionnaires à chercher même pour un jour, même pour une nuit, une source et à élever un retranchement, et qui pour un seul siège, celui d'Alésia, construisit, par ordre de César, une circonvallation de onze milles, armée de 23 tours, comment ne pas admettre, dis-je, que les Romains, à la Cité, dont l'occupation survenue en 127 durait encore au Vme siècle, n'aient pas travaillé à l'édification d'une forteresse durable avec enceinte et tours et n'aient pas bâti une muraille de force à briser l'assaut des barbares qui, d'une façon soudaine et inattendue, pouvaient à chaque instant surgir d'un coin imprécis de l'horizon ?

Les vestiges de la construction romaine et de ce qu'on est convenu d'appeler leur appareil, grosses pierres, véritables blocs à arêtes rectangulaires ayant généralement 80 c/m de largeur sur 45 à 50 de hauteur, se retrouvent dans les fortifications qui ont suivi. Où donc, en effet, les constructeurs wisigoths, féodaux ou royaux auraient-ils trouvé meilleurs et plus solides matériaux pour les pierres d'angle, pour les assises, pour les consolidations ? Aussi voit-on partout de ces pierres romaines entre-mêlées aux autres matériaux.

Sur deux points cependant de la Cité on retrouve en quelque sorte intacte la construction romaine.

Au sud, sur le flanc extérieur des tours de Danejean (49) et du Plô (47) on voit superposés les blocs de l'appareil romain et on devine qu'à cet endroit, point le plus élevé du plateau, sommet en quelque sorte de l'enceinte, les Romains avaient probablement bâti leur castellum dont faisait partie la tour dont je parle.

Au nord de la Cité, sur l'enceinte wisigothe intérieure qui avait suivi le tracé romain puisque entre les tours wisigothes il y a la trace d'une tour romaine disparue, se trouve au pied et à l'ouest de la tour du Moulin d'Avar (26), une poterne, romaine de construction, et qui, si on admet, ce qui paraît probable, que son seuil est, à une marche près, le niveau même du sol de l'ancienne ville, peut être considérée comme la porte de la forteresse au moment de l'occupation de la Cité par les Romains.

La porte de Rodez n'existait pas et c'est cette poterne qui faisait office de porte.

Dans l'angle ouest de la tour de Samson (25) est la trace très apparente, dans le déchiquetage de la muraille, d'une excavation qui pouvait bien être un poste servant à défendre la poterne dont je viens de parler.

Les restes romains, les blocs, les agglomérés qui se retrouvent ont amené des controverses sur les mouvements du terrain, la hauteur des retranchements ; on a voulu voir en eux des fondements et des lignes de fondation ; mais la ligne qu'on tracerait d'après ces courbes serait désordonnée. Les peuples successifs ont employé les matériaux du peuple précédent au fur et à mesure des rencontres et des besoins ; les blocages ont garni des crevasses, ont consolidé des pans de mur ; des placages, des parements ont été faits. C'est l'enchevêtrement des pierres, mais on ne saurait chercher là trace de fondements. A mon humble avis les rochers s'effritent, les murs disparaissent, les réparations détruisent, mais au profit du sol où les débris s'amoncellent. La terre n'absorbe pas la terre ; les déblais que fait le temps exhaussent le sol, tout se comble, rien ne se creuse naturellement sauf aux endroits où s'exerce la puissance des eaux.

Les blocs romains, les bétons qui sont à découvert sur les remparts et les tours dont je viens de parler plus haut, à l'est de la ville, peuvent demeurer inexpliqués tels qu'ils sont situés, mais ils ne prouvent pas que la ligne de base ait été à leur hauteur. Je crois, au contraire, que les lices sont comblées ; on ne s'expliquerait pas des meurtrières à ras du sol, des défenses pouvant être abordées de plein-pied, des portes et des poternes sans hauteur pour les défendre et pouvant être attaquées et emportées d'un choc direct.

16 —

Chap DE L'ENCEINTE WISIGOTHE ET FÉODALE

Je reste attaché à l'idée d'une fortification en profondeur. Des déblais importants amèneraient sûrement la découverte sur bien des points de fondements et de vestiges intéressants. La Cité s'éclairerait plus des travaux faits dans ses entrailles que de ceux faits à la surface actuelle de son sol.

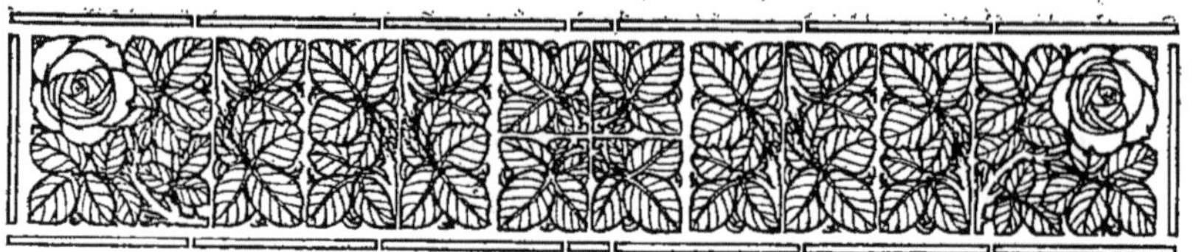

WISIGOTHS

TOUS les heurts de Peuples se continuent et le Vme siècle avec la prise de Rome par Alaric, le choc des races dans les plaines Catalauniques, le barrage que des barbares opposaient à de plus barbares, les Huns, est tout un drame dans le chaos de ces temps qui précèdent le moyen-âge et dans ces batailles où les torrents débordés coulaient du sang.

L'Empire Romain sur ses fins, édifice immense qui avait couvert le monde et qui allait s'écrouler et disparaître devant les nationalités nouvelles, eut un ressaut de gloire avec la résistance que son général Stilicon opposa, gardien des portes de l'empire, aux assauts des Wisigoths. A la mort de Stilicon ce furent les suprêmes soubresauts de cette formidable puissance qui se disloquait sous l'invasion des Germains mais devait laisser une empreinte ineffaçable de sa conquête dans l'esprit, les mœurs, les lois, les civilisations des peuples affranchis ; telle sur l'argile la griffe du lion que le feu lui-même, en durcissant la glaise, laisse tout entière et ne peut effacer.

La vague wisigothe submergea la position romaine de Carcassonne en 440, et, jusqu'en l'an 711, dans notre bas-Languedoc appelé Septimanie, les Wisigoths régnèrent dans un faste qui contrastait avec leur origine barbare, mais qu'ils avaient adapté à leurs mœurs et à leurs usages, parce que le hasard des conquêtes les avait amenés auparavant dans des provinces riches et raffinées, véritables Capoues où ils avaient façonné et amolli leur rudesse.

Les Wisigoths fortifièrent la Cité et la pourvurent d'une enceinte complète armée de nombreuses tours et si fortes pour l'époque que la féodalité s'abrita derrière ces mêmes murs.

Dans une architecture militaire très reconnaissable ils organisèrent un tel ensemble qu'il put supporter de grands sièges et de rudes assauts ; le style de leurs tours est le suivant :

Cylindriques à l'extérieur, carrées du côté de l'intérieur, les tours étaient pleines jusqu'au niveau du sol de la ville ; elles étaient bâties de petits moellons de forme cubique généralement de 15 à 20 c/m de largeur sur 10 à 12 c/m de hauteur, avec assises de briques rouges horizontales ou en épis, qui semblent moins mises pour consolider la construction que pour ajouter aux murailles une parure de guerre, une couleur voyante chère aux primitifs qui ornaient pour en imposer à l'ennemi leurs costumes, leurs chevaux, leurs armures, tatouaient leur corps et jusqu'à leurs remparts.

Les tours étaient reliées par de hautes murailles crénelées mais à créneaux pleins et distantes de quinze à vingt mètres, portée normale de l'arc, sur tout le parcours à la forme ovale de l'enceinte dite wisigothe.

C'est sur cette enceinte que s'établit et se consolida plus tard l'enceinte féodale, ce qui fait qu'on comprend ces époques sous la double dénomination d'Enceinte Wisigothe et d'Enceinte Féodale.

MAURES

LES orages étaient jusqu'à l'occupation wisigothe venus de l'est et du nord. Comme un arbre indique par sa torsion le vent qu'il redoute, c'est de ce côté que se gardait la Septimanie quand du sud vint la tempête.

Un homme, un illuminé, fondateur d'une religion dont il ne se nommait pas le dieu mais le prophète, religion basée sur les voluptés du Paradis, où les jouissances entrevues durant l'existence terrestre étaient réalisées, Ciel de femmes et de parfums, soulevait le monde africain et fondait l'Islamisme.

A sa mort, en 631, l'Arabie était conquise à sa foi et de la Thrace au détroit de Gibraltar la nouvelle religion s'étendait.

En 711 les Arabes ou Maures entrent en Europe. En 713, venus par le Roussillon, le Capsir, la Cerdagne et le pays Limouxin qu'ils avaient envahis, ils occupèrent la Cité, mais pour une courte période, quarante-six années.

Ils y laissèrent cependant très fortement imprimée l'empreinte de leur race au sang brûlé, le goût des riches costumes et des couleurs voyantes.

De la Septimanie ils voulurent s'étendre trop vite, gagnèrent l'Aquitanie, s'élevèrent jusqu'à Poitiers, y trouvèrent le dur marteau de Karle qui les rompit, regagnèrent leur gîte du sud et disparurent de la Cité en 759.

On n'y retrouve aucune trace d'eux.

La tour Pinte ou du Paon (31) très haute, très étroite, d'une forme quadrangulaire, construite à l'aide d'un ciment et d'un appareil dont il n'y a pas d'autres exemples dans la Cité, et à laquelle le château comtal vint plus tard s'accoler, leur est attribuée. Cette tour avait à son intérieur un escalier de bois conduisant à des planchers mobiles indispensables pour armer ses hourds et permettre de l'utiliser, à raison de sa hauteur comme tour de guet.

Cette tour est la tour mystérieuse et légendaire, c'est elle, dit-on, qui s'inclina au passage de Charlemagne, c'est celle où l'on croit que Roger prisonnier fut enfermé.

La force de la race Maure fut dans son opiniâtreté. On ne pouvait gagner de vitesse ses coursiers, on ne pouvait davantage la dompter et la vaincre. La guerre d'invasion et de retraite était sa vraie guerre ; les essaims de ses guerriers reparaissaient plus épais après les plus extraordinaires défaites et les plus affreux massacres, telle en 721, cette bataille de Toulouse, où d'après le récit envoyé par le comte franc Eude au pape Grégoire II, 375.000 sarrasins furent taillés en pièces.

Cette défaite ne les arracha pas, d'ailleurs, de la Narbonnaise et de la Septimanie.

Les Maures furent la menace perpétuelle, jusqu'à la cession du Roussillon à la France, en 1654, de nos provinces méridionales.

Comme les sauterelles de leur désert ils arrivaient à l'improviste, en bandes innombrables, dans un tourbillon d'invasion. Ils furent la préoccupation constante des Comtes francs. Maîtres du pays limouxin, des défilés des Pyrénées, ils surgissaient à l'improviste, se repliaient; revenaient, comme s'ils ne pouvaient se résigner à renoncer à cette Cité de Carcassonne qu'ils avaient tour à tour conquise et perdue.

FRANCS

LES masses guerrières, Celtes, Germains, Goths, Ostrogoths, Wisigoths, Francs et Burgondes, de même origine septentrionale s'entrechoquaient depuis les derniers jours de la puissance romaine et sur les tronçons disjoints des races gauloises. Mais ces courants furieux d'hommes du nord allaient se réunir et se confondre sous la main puissante de Charlemagne, ne plus former qu'un même flot et venir à la rencontre de cet autre courant jailli des déserts africains et des pays numides.

Alors allaient retentir les chocs incessants des lourds combattants du nord, d'une stature gigantesque, aux chevelures blondes auxquelles l'eau de chaux donnait une teinte rouge et enflammée, au teint blanc, aux yeux striés d'or, de couleur azurée et verdâtre, qui avaient comme le reflet vert scintillant des mers ancestrales où hardiment leur race avait enfoncé l'éperon de ses frêles galères, et des guerriers souples, nerveux, hâlés, fils du soleil brûlant qui avait durci leur argile et celle de leurs coursiers, dans les mystérieuses profondeurs du sud.

Chocs qui devinrent ensuite plus que des chocs de race, des heurts de religions durant les Croisades, ces mobilisations de la Chrétienté contre l'Islamisme.

Placées au débouché des défilés méridionaux, couloir par lequel arrivaient en rafales les tourbillons arabes, Carcassonne était l'éperon nécessaire à la défense des territoires francs, le môle sur lequel, sans le disjoindre, devaient venir déferler et écumer les invasions.

Pépin, roi des Francs, s'empara en 759 de Carcassonne. Après lui Carloman y gouverna, et, quelques années après, elle fut sous l'autorité de Charlemagne.

A la mort de ce dernier, son immense empire se brisa en mille éclats dans le désordre des guerres intestines et des compétitions. Chaque comte franc, baron ou capitaine, administra sa forteresse et le territoire qui en dépendait. La Féodalité naquit de cette dislocation d'un empire dont chaque fragment devint une Suzeraineté.

Au IXᵉ siècle, Oliban se proclama comte héréditaire de Carcassonne et alors se succédèrent les Comtes et Vicomtes francs qui gouvernèrent au gré de leur puissance et de leur indépendance de seigneurs féodaux la Comté de Carcassonne. L'une des plus illustres lignées sur l'histoire de laquelle je reviendrai, fut celle de Roger dit le Vieux et des Trencavel qui disparut dans la tourmente religieuse de 1209, fut remplacée par Simon de Montfort et son fils Amaury, celui-ci sous l'autorité royale de St-Louis.

La Cité fut rattachée à la couronne de France en 1247, sous St-Louis, et après lui sous Philippe-le-Hardi son fils.

Comme un cristal qui se forme au fond d'un vase après la confusion des éléments en suspension, l'unité des races est le précipité de l'Histoire.

La race franque, survivante, ou mieux, aggloméré de toutes les autres fait de tous les sangs Gaulois, Germains, Celtiques, mêlés et confondus, va, par la réunion volontaire ou violentée des Comtés, des Baronies de la Féodalité, former dans la main d'un seul la Monarchie, c'est-à-dire l'unité française.

Mais de même que chaque mélange d'une peuplade à une autre ne s'est fait que par la force de l'oppression, de même chaque pas vers l'unification est marqué dans le sang. Comme l'enfantement de tout ce qui naît ici-bas, aucun progrès, aucun changement, aucun bien, aucun mal ne survient sans d'infinies souffrances.

L'Humanité est née, si tant est qu'elle le soit et si elle n'est pas encore à naître, d'un excès d'inhumanité.

ARCHITECTURE MILITAIRE

J'AI parcouru à grands pas la route de l'Histoire, je vais, dans une course moins rapide, dérouler devant le lecteur les enceintes, les tours et les remparts de la Cité en essayant de projeter le plus de clarté possible sur ce formidable ensemble de constructions défensives.

Le texte serait forcément confus s'il ne s'éclairait du plan qui précède ce chapitre et si je n'échelonnais, en quelque sorte, les époques qui dressèrent chacune leur muraille.

Il ne reste que des matériaux épars des temps primitifs, des périodes Wolske, Romaine et Maure ; la forteresse prend corps sous les Wisigoths. Ceux-ci, sur l'emplacement de la forteresse romaine élevèrent une enceinte complète, de forme ovale, guidée par le mouvement du terrain, avec murs crénelés et tours. Leur appareil est, comme je l'ai déjà dit, très reconnaissable à la forme cubique et petite des moellons et aux tours barrées de briques rouges.

Les seigneurs féodaux se servirent de l'enceinte wisigothe. On comprend que pour élever rapidement un retranchement il était précieux d'utiliser tout ce qui restait du précédent, matériaux, emplacement, murs suffisamment solides, tours encore debout. La forme et les sinuosités du terrain n'imposaient-elles pas d'ailleurs les mêmes directions ?

L'appareil féodal, carré et rectangulaire, plus grand que le moellon wisigoth, est en pierres jaunes, très caractérisées, pierres d'Alet, ville qui était sous la suzeraineté des Comtes et Vicomtes de Carcassonne.

L'enceinte wisigothe et féodale se confond dans une même dénomination et forme l'enceinte dite « Intérieure ».

La branche des Trencavel perdit la suzeraineté de Carcassonne en 1209. Cette suzeraineté, comme je l'ai énoncé, passa à Simon de Montfort et à son fils Amaury, mais leur Comté ne fut plus un Comté indépendant, il fut sous l'autorité du roi de France et rattaché à la couronne royale en 1247.

En 1240, le fils du dernier des Trencavel, Raymond, caché depuis l'âge de 2 ans en Aragon et échappé par miracle aux horreurs du siège ou périt sa race en 1209, revint, jeune aiglon emporté loin de l'aire où il était né, essayer de reconquérir la terre de liberté où il avait vu le jour.

Fort de l'héroïque sang qui coulait dans ses veines il donna un assaut furieux à sa ville de Carcassonne qu'il voulait reprendre et qu'il aurait reconquise sans l'intelligence, l'énergie du Sénéchal Guillaume des Ormes qui commandait la place et sans l'arrivée d'un renfort de troupes royales.

St-Louis garda un si impressionnant souvenir de l'assaut donné par Raymond de Trencavel qu'il interdit de rebâtir les faubourgs brûlés durant le siège, qu'il ne voulut jamais plus permettre aux

habitants de ces faubourgs de rebâtir leurs demeures dans le voisinage de la Cité ; il les laissa errants, sans gîte et sans asile, et
7 ans après seulement, sur les instances de l'évêque Radulphe, il
permit aux survivants d'entre ces malheureux d'édifier des maisons,
mais à la condition de les rebâtir au-delà de l'Aude où ils construisirent la ville basse qui fut brûlée par le Prince Noir en 1305
et qu'ils durent de nouveau reconstruire.

Ce ne fut pas seulement par cette rudesse que le Saint Roi
manifesta sa colère, ce fut aussi par une édification de la nouvelle
fortification qu'il donna cours aux craintes que la violente attaque
de la Cité en 1240 lui avait inspirée.

St-Louis répara une partie de l'enceinte intérieure et édifia,
nous verrons sur quels fondements, une nouvelle enceinte extérieure enveloppant complètement l'enceinte intérieure, c'est-à-dire
l'enceinte wisigothe et féodale.

Après St-Louis, de 1270 à 1285, son fils Philippe-le-Hardi reprit
l'enceinte intérieure, la répara, la haussa sur plusieurs points et
ajouta à cette enceinte deux triangles fortifiés, avec remparts et
tours, qui modifièrent comme on peut le voir sur le plan, la forme
de l'enceinte wisigothe et féodale à l'est et à l'ouest, remplacèrent
une partie de cette enceinte et constituèrent une formidable défense.

Ces divisions posées et le détail des 3 époques des fortifications
de la Cité étant précisé, je vais étudier successivement ces trois
époques :

1º Enceinte Wisigothe et Féodale ou intérieure.

2º Enceinte de St-Louis ou extérieure.

3º Constructions défensives de Philippe-le-Hardi.

Enceinte Wisigothe et Féodale

ou Enceinte Intérieure

(440 à 1209)

LES tours de cette enceinte prirent leurs noms soit de leur destination, soit des Capitaines qui y commandaient ou des notables habitants, soit de leur situation topographique ; certaines furent placées sous un vocable religieux.

Elles étaient espacées de 20 mètres environ, portée normale de l'arc, et, à mesure que les traits iront plus loin, que les machines de guerre, pierriers, balistes se perfectionneront et étendront la trajectoire de leurs projectiles, nous verrons les tours de la seconde enceinte s'espacer davantage et les remparts de Philippe-le-Hardi gagner en hauteur.

L'enceinte intérieure Wisigothe que la Féodalité renforça du Château Comtal, formidable défense dont je parlerai plus tard, partait du Château Narbonnais en retrait de l'emplacement des Portes Narbonnaises actuelles et disparu sans laisser de vestiges.

Elle part aujourd'hui des Tours Narbonnaises qui ont remplacé, mais en avant de son ancien emplacement, le Château Narbonnais.

De l'est au sud la ligne des remparts de cette enceinte a comme tours la Tour St-Sernin (53) formée par le chœur de l'ancienne église paroissiale, la Tour du Trauquet (52) la Tour St-Laurent (50) la Tour de Davejean (49) dont j'ai parlé dans l'étude historique et sur laquelle je reviens d'un mot, car seule elle étale sur la façade sud l'appareil romain, donne l'impressionnant spectacle de ces blocs symbolisant la force et le génie de Rome, et indique que sur ce point culminant était le pivot même de résistance de la forteresse, en quelque sorte sa clef de voûte ; la Tour du Plô (47) c'est-à-dire la tour du plateau, du point le plus élevé.

La Tour de Castéras (45).

La Tour des Prisons (45) qui doit son nom à son usage. Dans l'épaisseur des murs et en dedans des meurtrières on relève la trace des grillages de fer incrustés dans la paroi des ouvertures. En sous-sol une cellule spacieuse et allongée, sombre et humide, donne bien aussi l'expression d'un cachot.

Cette tour domine le terrain qui est sur cette partie de l'enceinte entre le rempart et la rue actuelle du Plô, rue où l'on voit encore en face du débouché de l'ancienne rue St-Bernard, deux montants de portail surmontés chacun d'une boule ; ce portail était l'entrée de la prison que surplombait et gardait la tour.

Après la Tour des Prisons (45), l'enceinte actuellement existante, que je parcours, s'infléchissait au point où se trouve une meurtrière ou archère qui n'était qu'une poterne déguisée, venait passer en longeant les dépendances du Chapitre à portée de la Cathédrale St-Nazaire qui concourait à la défense comme l'indique le créne-

lage de sa façade est et comptait encore quatre tours aujourd'hui
disparues. Après cette partie dont il ne reste aucun vestige
l'enceinte reprend à l'ouest par :

La Tour Wisigothe (38) ;

La Barbacane de la Porte d'Aude ;

La Tour féodale dite Tour de Justice et plus tard de l'Inquisition (39) qui est amorcée au Château Comtal ;

La Tour Pinte (31) accolée au Château ;

Le Château Comtal avec ses défenses, sa barbacane et sa
poterne des fossés.

Elle se continue par :

La Tour de la Charpenterie (27) tirant son nom de ce qu'elle
devait servir d'atelier de réparation des hourdages, et aussi de ce
que, plus tard, car le nom de la Charpenterie n'a pas été peut-être
son premier nom, de ce que le charpentier royal logeait tout à côté ;

La Tour du Moulin d'Avar (26) au pied de laquelle est une poterne
fermée qui fut probablement sous les Romains la porte de la ville ;

La Tour de Samson (25) dont le nom rappelle quelque exploit
fabuleux de ses défenseurs, ou tout simplement un nom dénaturé
par la prononciation car il y a encore des Vanson à la Cité.

Entre cette tour et celle de la Marquière (24) est la Porte de Rodez
par où passaient les approvisionnements en bétail de toute nature,
d'où le nom de la Marquière.

L'enceinte intérieure comprend ensuite :

La Tour du Vieulas ou Biélard (23) car ce nom existe encore à
la Cité :

La Tour du Moulin du Connétable (22). Dans cette ville de guerre
où il était nécessaire de pouvoir moudre durant le siège le grain

renfermé dans les silos et les caves des maisons, il n'est pas étonnant de voir se multiplier les moulins au long de l'enceinte intérieure et sur le parcours de l'enceinte extérieure.

A partir de la Tour du Connétable l'enceinte Wisigothe et Féodale s'infléchissait vers le Château Narbonnais par une ligne de remparts armés de deux tours qui ont disparu en laissant cependant leurs vestiges.

L'enceinte intérieure bouclée aujourd'hui par les Portes Narbonnaises qui appartiennent à la troisième époque de fortification, était alors bouclée par le Château Narbonnais et terminait là son ovale.

A l'enceinte Wisigothe et Féodale dont je viens de dérouler d'une main rapide les murailles, les tours, son double château, Château Narbonnais à l'est, Château Comtal à l'ouest, l'époque féodale ajouta comme défense d'autres fortifications dont je vais parler et quelques progrès dans l'art défensif.

Comme fortifications il y avait les quatre Barbacanes que leur renforcement et réfection a fait attribuer à tort à St-Louis et qui, si cela était, ne devraient être étudiées qu'au moment où j'aborderai la seconde époque de construction militaire dite époque de St-Louis.

Ces Barbacanes existaient à l'époque féodale et leur existence ne saurait être mise en doute, car elle est établie par un rapport très explicite du Sénéchal Guillaume des Ormes qui gouvernait la Cité en 1240, lors du siège dont j'ai déjà dit un mot, pour le compte de l'autorité royale ; ce siège fut soutenu par l'enceinte Wisigothe et Féodale, les fortifications de St-Louis étant postérieures à cette date.

Ces quatre Barbacanes étaient comme elles le sont encore aujourd'hui :

Ch. LA TOUR DE L'EVÊQUE & LA TOUR DE JUSTICE

Au nord la Barbacane de la Porte de Rodez ; à l'ouest la Barbacane comprenant à cette époque à la fois la défense du Château et
celle de la porte ou poterne d'Aude ; elle finissait comme aujourd'-
hui à une tour renforcée, refaite plus tard mais existant sous la
Féodalité et située à côté de l'emplacement actuel de l'église de
St-Gimer ;

Au sud la Barbacane de la Porte du Razès ;

A l'est la Barbacane du Château Narbonnais devenue la Barbacane
de St-Louis depuis la destruction de ce château et son remplacement
par les Tours Narbonnaises.

Le rapport du Sénéchal est très précis au sujet de l'existence de
ces Barbacanes, mais de ces précisions découlent des conclusions
nécessaires et inéluctables que rendent plus certaines encore des
vestiges et des murailles parfaitement reconnaissables. Ces conclusions sont qu'en avant de l'enceinte intérieure et sur la ligne même
de l'enceinte extérieure dite de St-Louis existait un mur que j'appellerai mur féodal.

Son utilité pour la défense de la Cité est indéniable ; il formait
un premier retranchement à emporter ; évitait à l'enceinte le choc
direct des assaillants, reliait entre elles les Barbacanes qui sans lui
auraient été en l'air, véritables souricières où ceux qui auraient voulu
les défendre, se seraient trouvés à la merci des assaillants pouvant
les cerner et les surprendre des deux côtés, donnait à la population
un espace, des lices entre le mur et l'enceinte intérieure où, dans
les temps de sécurité, elle pouvait s'ébattre, respirer, vivre et en
quelque sorte délacer son armure.

Cette muraille a laissé non seulement des vestiges, mais des restes
très reconnaissables d'une construction bâtie avec l'appareil féodal,

pierres jaunes d'Alet, au ton presque orangé dont on retrouve des panneaux entiers tout le long de l'enceinte extérieure.

Sans l'existence de ce mur comment comprendre les réparations faites à sa base par St-Louis, à sa crête par Philippe-le-Hardi, réfections très reconnaissables et qui ne pouvaient s'appliquer qu'à une fortification déjà existante.

Le mur féodal dont on retrouve des traces sur tout le parcours de l'enceinte extérieure actuelle, en vertu de la règle inflexible qui veut que sur un terrain de forme accidentée on ne puisse fortifier qu'en suivant le mouvement du terrain et par conséquent en adoptant un tracé unique, allait de la Barbacane du Château Narbonnais, de l'est au sud, jusqu'à la Barbacane de la Porte du Razès, Barbacane qui prit le nom de Tour Crémade (45).

De la Barbacane du Razès le mur venait perpendiculairement, comme les amorces que l'on retrouve semblent bien l'indiquer, se rattachant à la partie de la fortification visigothe et féodale, et à l'enceinte aujourd'hui disparue au sud de l'église St-Nazaire et le long des dépendances du Chapitre.

Cette muraille féodale n'avait pas de crénelage et n'était pas armée de hours à l'exception d'une seule dont je parlerai à propos de l'enceinte extérieure ; c'était un simple retranchement.

MUR INTÉRIEUR

IL y a un autre mur qui excite encore plus la curiosité et offre un intérêt très prenant et très particulier.

Ce mur dont on relève les restes et dont on peut suivre très exactement le tracé, apparaît après le fossé nord du Château, en avant de la Tour de la Charpenterie où il y a encore son amorce ; puis, parallèlement à l'enceinte intérieure il se continue en gardant une distance de 10 à 12 mètres du rempart et va de nouveau rejoindre ce rempart à la Tour de Samson pour laisser libre l'espace nécessaire à la défense de la Porte de Rodez. Il est à remarquer que chaque ouvrage important demandait un large espace vide autour de lui pour être utilement défendu.

Le mur intérieur reprend à la droite de la Porte de Rodez et continue sa marche parallèle aux remparts de l'Enceinte Wisigothe ou Féodale jusqu'au Château Narbonnais auquel il se raccordait. On le retrouve, en effet, tout le long de la rue du Grand Puits.

Il reprend à la Tour St-Sernin (53) mais là, s'il continue à marcher parallèlement aux remparts, il en est à une plus grande distance parce que nous sommes sur le plateau, où la défense était plus difficile, où l'attaque était plus favorisée par la topographie des lieux et où il fallait plus d'espace pour accumuler les matériaux, masser les hommes, réunir les projectiles, approvisionner davantage les défenseurs de l'enceinte.

Après avoir longé et bordé la rue du Plô, ce mur allait rejoindre les constructions du Chapitre, derrière l'Eglise, au sud. Par le tracé du plan on peut suivre sa course.

Les traces et les vestiges de ce mur sont parfois masqués ou supprimés, tantôt par des constructions, tantôt par des démolitions, mais ces traces et ces vestiges reprennent ensuite et leur continuité ne saurait être niée.

Ce mur, le long duquel on relève la trace de portes de toutes dimensions et même de fenêtres, était-il féodal ou a-t-il été élevé par St-Louis ou Philippe-le-Hardi ? Les restes de l'appareil féodal indiquent que c'est à cette époque qu'on doit faire remonter sa construction ; à la réflexion, son utilité apparaît sans conteste.

Dans la longue période de Suzeraineté des Comtes francs, il y a eu dans la Cité des troubles et des séditions ; il y a eu des gonflements du populaire ; il y a eu des conspirations du peuple ou des chevaliers ; il y a eu des compétitions de pouvoirs comme dans toutes les sociétés en formation, durant ces périodes confuses où chacun voulait faire prévaloir par la force ses ambitions ou ses droits.

Ce mur intérieur empêchait les vassaux et les bourgeois d'être en contact avec la garnison et de s'entendre avec elle contre le suzerain ; en outre, il empêchait la population, notamment les femmes et les enfants, de venir compromettre, embarrasser la manœuvre des hommes d'armes contre les ennemis du dehors et

Chap. DU CHATEAU

jeter la confusion dans les lignes de défense, de même que sur un navire, pendant le combat, les passagers ne sauraient être sur le pont ou dans les batteries et gêner par leur présence inutile ou leur trouble l'action des combattants.

Aux jours difficiles, lorsque la famine, la peste, le découragement, la soif, le mauvais sort d'une contre-attaque amolissaient l'idée de résistance, le mur intérieur empêchait tous les résignés de venir affaiblir le moral des défenseurs armés, en criant à la capitulation alors que le chef de guerre était décidé à la résistance.

Enfin c'était un mur de miséricorde en ce sens que comme le poignard de ce nom, il pouvait servir à l'ultime défense, et après la prise et l'escalade de l'enceinte, permettre aux défenseurs de reprendre haleine derrière lui pour un dernier effort et pour un dernier élan.

Il est à présumer que l'espace de dix à douze mètres existant entre ce mur extérieur et l'enceinte dont il suivait parallèlement le contour, servait de dépôt de matériaux, d'armes, de hourdages mis à la disposition des soldats qui occupaient les courtines et les tours.

Les corbeaux qu'on relève sur certains points de ce mur semblent prouver qu'il était recouvert par endroits, formant ainsi des magasins, des écuries et des dégagements indispensables dans une ville de guerre, resserrée sur elle-même, renfermant ses deux mille habitants et ses deux mille défenseurs sur une superficie de onze cents mètres de pourtour, n'ayant comme seul terrain inocccupé que celui du parvis sacré de la Cathédrale et celui du cimetière occupé par les morts.

Les portes dont on retrouve les nombreux vestiges et qu'il serait facile de relever, indiquent que la communication pouvait être incessante et facile du rempart avec la ville pour les besoins de chaque jour, les rondes intérieures, la police de la Cité, les patrouilles, les approvisionnements ; de plus, si, en principe, on tenait à écarter le populaire de la garnison, il y avait des moments où l'envahisseur étant en grand nombre il fallait tout utiliser, appeler les hommes, les femmes, les enfants à la défense pour aider à garder certaines parties des remparts, pour déverser chacun selon ses forces, sur les assaillants, la poix enflammée, les pierres, l'huile bouillante, les madriers ; à ce moment-là, les ouvertures de communication avec l'enceinte et la ville devaient être toutes ouvertes.

Les traces de fenêtres, de portes très visibles relevées dans le jardin Magrou, rue du Grand Puits, dans le jardin Azéma à gauche de l'emplacement où furent les Châteaux Narbonnais, et enfin dans le jardin Arnaudy à l'endroit où le mur intérieur reprend, après la Tour St-Sernin, indiquent bien qu'en certains endroits, prenant corps sur la rue mais ayant leurs fenêtres sur l'espace compris entre le mur intérieur et le rempart, il y avait des logements où devaient se tenir très probablement les officiers où les chevaliers exerçant un commandement dans la défense.

Ce mur, que j'appellerai le mur contre l'habitant, pour le distinguer des autres, n'eût cette destination que dans les temps troublés du gouvernement des seigneurs féodaux, notamment à l'époque de Bernard Alton, lors de la conspiration des Chevaliers ; il la perdit sous Roger de Trencavel où la population et le seigneur vécurent dans une mutuelle confiance et un mutuel attachement ; durant cette période il ne dût avoir d'autre utilité que d'isoler la défense, mais il est à présumer, étant donné le nombre des Croisés qui assaillirent la Cité, qu'il y eut communication incessante entre les remparts et la ville, la population tout entière prenant part à la résistance.

38 —

MEURTRIÈRES ET HOURDS

UNE description écrite étant forcément lourde et surchargée la clarté nécessite bien des répétitions. Je résume ce qui précède :

L'époque féodale ajoutait comme fortifications à son Enceinte Wisigothe restaurée et agrandie du Château Comtal, un mur extérieur devenu comme nous le verrons bientôt, l'enceinte extérieure dite de St- Louis ; elle ajoutait encore comme je viens de l'écrire, un mur intérieur, fortification de fortune utilisée [pour séparer la population des combattants et constituer une extrême défense contre l'assaillant.

Ses quatre Barbacanes reliées par un retranchement, et, sur ses flancs, deux faubourgs fortifiés, au sud et au nord.

Le faubourg du nord qui occupait le nord de la Trivalle actuelle, s'appelait le faubourg St-Vincent, se prolongeait par celui de Graveillant tirant son nom des graviers de la rivière à laquelle il aboutissait, puis se continuait par la Barbacane du Château et de la Porte d'Aude et la Tour du même nom, au pied de laquelle

l'Aude, venant de la plaine de Mayrevieille (maïré bielho, ancien lit)
roulait ses eaux.

L'autre faubourg, appelé alors faubourg St-Michel, au sud, était
bâti sur le tènement appelé aujourd'hui « les Hourtets ». Une
remarque assez curieuse à propos des « Hourtets », c'est qu'on
frappait la monnaie dans ce faubourg. Des fouilles remontant à
peine à un demi-siècle et opérées dans un terrain privé en contrebas
des dits « Hourtets » ont permis de retrouver en grandes quantités
des approvisionnements de monnaie romaine faits et recueillis
pour les besoins de la frappe.

En outre des pierres et des murailles, la féodalité perfectionna
par quelques progrès les moyens de défense.

D'abord elle creusa les tours de façon à pouvoir les défendre
jusqu'à leur base ; elle évasa leurs pieds comme on le voit autour
du Château Comtal pour faire dévier de face le choc des béliers et
obliger l'assaillant qui attaquait la muraille de ses tours à se
présenter de flanc aux coups portés des remparts.

Elle inventa la meurtrière, c'est-à-dire ces ouvertures étroites et
longues faites dans les merlons jusqu'alors pleins, des créneaux
et dans les tours elles-mêmes. C'est plus à l'abri et sans avoir
à exposer leur corps dans les embrasures des remparts que les
redoutables archers de l'époque purent lancer leurs flèches. Les
meurtrières permettaient aussi avec plus de sécurité la surveillance
des mouvements de l'ennemi et étaient en quelque sorte des ouvertures de guet.

La grande défense de cette époque était le hourd, chaperon de
guerre des tours, avancement et balcon de bois des courtines,
formant une galerie circulaire ou droite suivant la forme du rempart
à défendre.

De ces galeries couvertes où on entrait par les créneaux, les assiégés, par les trappes ménagées à leur pied sur le plancher, pouvaient projeter sur l'assaillant qui attaquait le bas des tours ou des murailles, des pierres, des projectiles, des matières enflammées et une grêle de traits.

Les hourds étaient l'armure de combat de la forteresse. Supportés dans le vide par des madriers enfoncés dans les trous carrés et régulièrement espacés que l'on voit au sommet des tours et des remparts, ils formaient une défense aérienne qui avait l'avantage du surplomb.

Si ou se figure la masse de charpente qu'il aurait fallu emmagasiner pour garnir de hourdages toute l'enceinte fortifiée de cette ville de guerre, on doit en conclure qu'en dehors du Château, toujours armé, on ne plaçait les hours que sur la partie de l'enceinte directement menacée par l'attaque.

C'est vers les hourds que les assiégeants dirigeaient les flèches chargées d'étoupe et de matières résineuses enflammées, et c'est ce qui explique les descriptions inexplicables sans cela, où certains narrateurs disent que les tours flambaient.

Les pierres ne flambaient pas, mais on peut en imagination comprendre ce que devaient être ces couronnements de bois incendiés par le feu grégeois, éclairant la nuit de leurs reflets rougeâtres et de leurs lueurs d'incendie, tordant à leur sommet leur chevelure de flamme, lançant vers le ciel leurs nuages de fumée, des torrents de feu, et les tours géantes secouant, torches immenses, sur les assiégeants et les assiégés tout entiers à la fureur des combats, leurs flammèches, leurs cendres brûlantes et leurs débris de bois enflammés.

Dès que les hourds apparaissaient ils annonçaient l'état de guerre aussi bien que les sonneries des trompes et des cloches. Les tours se dressaient mystérieuses derrière ce masque de bataille qui ressemblait à une visière baissée de chevalier.

Enceinte de Saint-Louis

ou Enceinte Extérieure

(1240 à 1270)

OMME nous l'avons vu, l'enceinte Wisigothe et Féodale ne parut plus suffisante à St-Louis après le terrible siège de 1240. Il voulut rendre formidable et imprenable cette ville rattachée à sa monarchie et qui avait été la cause des guerres contre l'hérésie.

Il répara d'abord l'enceinte intérieure c'est-à-dire l'ancienne enceinte Féodale sur tous les points où la réfection est reconnaissable par l'appareil rectangulaire, plat et régulier qui caractérise les constructions de St-Louis, et aussi par ce fait que lorsque celui-ci n'a fait que réparer, consolider, il a opéré par infra-structure. C'est une fortification nouvelle qui a soulevé l'ancienne.

C'est par déblais et en les reprenant à leur base que St-Louis a refait les murailles.

Puis il entreprit de bout à bout l'édification de l'enceinte extérieure qui porte son nom, en utilisant dans ses parties solides le mur Féodal intérieur dont j'ai affirmé l'existence.

— 43

De cet effort, jaillit par réfection de ce mur non crénelé et non armé de tours, à l'exception d'une peut-être, le rempart crénelé armé de dix-neuf tours formant l'enceinte qui enveloppe complètement la première, dont je vais à nouveau, à la lumière du plan et de ses indications, parcourir l'ensemble.

Les tours, comme celles de l'enceinte intérieure ont pris leurs noms des notables ou des capitaines, de certaines particularités ou de vocables religieux.

A l'est, en partant de la Barbacane dite de St-Louis, alors en avant du Château Narbonnais et actuellement devant les Tours Narbonnaises édifiées par Philippe-le-Hardi, et en allant vers le nord on trouve :

La Tour de Bérard (2) ;

La Tour de Bénazet (3) ;

La Barbacane de Notre-Dame (4) défendant la Porte du Razès ;

La Tour de Mouratis (5) ;

La Tour de la Glacière (6) prenant son nom de sa position au-dessus des glacis nord ;

La Tour de la Porte Rouge (7) ;

L'échauguette commandant la poterne des fossés du Château Nord ;

A l'ouest les défenses du Château Comtal se continuent par les défenses de la Porte d'Aude ;

L'avant Porte d'Aude (9) ;

La Tour du Petit-Canissou (10) ;

La Tour du Grand-Canissou (12) ;

La Tour d'Ourliac (14) ;

Au sud, la Tour Crémade (15) qui n'était autre que l'ancienne

Chap. MEURTRIÈRES & HOURDS

Barbacane du Razès avec poterne à sa gauche, et qui prit très postérieurement ce nom de Tour Crémade du fait qu'un individu à qui on avait permis d'y enfermer du bois causa par l'incendie de cet amas de bois l'incendie de la tour ;

La Tour Cautière (16) prenant son nom de la position au haut de la côte des « Hourtets », ou de fours à chaux, disent certains ;

A l'est la Tour Paouleto ou Pouleto (17) ;

Une échauguette la Tour de la Vade (18) ;

La Tour de la Peyre (19) ;

De là, la fortification retrouve la Barbacane Narbonnaise (1) notre point de départ.

A propos des tours de la Vade (18) et de la Peyre (19) il y a quelques précisions à faire.

Dans la haine et la crainte que St-Louis avait des faubourgs, toute la fortification du faubourg St-Michel (Hourtets actuels) fut remplacée par la Tour de la Vade, tour indépendante ayant son four pour cuire le pain de sa garnison, une citerne, une poterne permettant à cette garnison de communiquer avec la place, de s'y réfugier si elle se voyait sur le point d'être forcée.

Quant à la Tour de la Peyre, il est à remarquer, si l'on s'en tient à la couleur des matériaux et à la forme de l'appareil qui la distingue, qu'elle est probablement de construction féodale. Elle armait le mur féodal non crénelé dont j'ai parlé et sur lequel repose toute l'enceinte extérieure.

Quoiqu'il en soit, St-Louis, utilisant la Tour du Trauquet (52) de l'enceinte Wisigothe et Féodale, adossa à cette tour une construction dans laquelle est un escalier de bois qui par un souterrain, sous les lices, permettait à la garnison d'aller de l'enceinte intérieure à l'enceinte extérieure et de déboucher par une poterne au pied de la Tour de la Peyre, dans les fossés.

Avant la sortie du souterrain sur les fossés est une salle pouvant contenir une cinquantaine d'hommes d'armes qui après s'être groupés là, pouvaient faire à l'improviste une sortie et une contre-attaque.

St-Louis fortifia les Barbacanes de la Porte Narbonnaise à l'est, de la Porte de Rodez au nord, de la Porte du Razès au sud. A l'ouest, il édifia les défenses du Château dans leur ensemble compliqué et gigantesque, reconstruisit la grande Barbacane du Château, la termina par la réfection de la grande tour du même nom, (à côté de l'emplacement sur lequel, comme je l'ai dit, on a élevé l'église actuelle de St-Gimer) que des Vandales contemporains détruisirent en 1816 et dont les matériaux servirent à construire l'usine de l'Ile.

St-Louis multiplia les défenses de la Porte d'Aude à l'ouest. On a beaucoup discuté sur ces défenses et sur les réparations faites à cette Barbacane d'Aude ; on a cherché la vérité de la restauration. Pourquoi se perdre dans ces méandres et essayer de dégager des inconnues que recouvre le voile du passé ?

On trouve d'abord deux avant-portes conduisant devant une porte-barrière dont on voit les montants. Après l'avoir franchie on tourne à droite où sont deux lacets disparus qui formaient zig-zag, amenaient l'assaillant sous le mâchicoulis de pierres qui commande la porte ; là, si la résistance était trop vive, l'assaillant pouvait se rejeter sur la droite, suivre l'évasement qui le condui-sait dans les lices, mais là il recevait les projectiles de la Tour Wisigothe qui l'obligeait à profiter de l'espace qui s'offrait devant lui. Il s'engageait dans cet espace, mais quand il s'y était entassé il se trouvait sous les coups de la Tour du Petit Canissou (10).

Quelle que soit la vérité de la restauration de la Barbacane et des défenses de la Porte d'Aude, on doit, pour les comprendre, se baser sur ce fait que l'assiégé n'ayant que des flèches à courte portée et des projectiles lancés à la main, pierres, madriers, matières enflammées, tout l'art de la défense était de multiplier les lacets, les retours de murs, de façon à amener l'assaillant le plus près possible des arcs et des bras. De là ces ruses de constructions, ces difficultés, ces barrages, ces portes, ces étranglements, toutes ces complications défensives que créait l'instinct de vivre. Comme les maîtres d'armes, les pierres, si je puis m'exprimer ainsi, avaient leurs feintes. Celle de la Porte d'Aude étaient les plus parfaites et leur secret nous échapperait si nous ne les comprenions dans leur ensemble et leur but, rapprocher l'ennemi des meurtrières, des mâchicoulis, et pendant qu'il était exposé aux embûches des murailles, l'écraser par la défense des remparts et l'obliger à se jeter sous le feu et les traits des tours Wisigothe et de Justice, et plus loin, lorsqu'il se croyait à l'abri, sous les projectiles de la Tour du Petit Canissou.

Nous verrons comment Philippe-le-Hardi compléta encore le mécanisme de défense.

L'enceinte extérieure une fois complète, les Lices qui à l'ouest, au sud et au sud-est s'appelèrent les Lices-Hautes, à l'est et au nord-est les Lices-Basses, devinrent plus sûres ; il fut permis à la population de s'y épandre. Ces Lices servirent aux fêtes, aux tournois, et formèrent le boulevard intérieur et protégé de la Cité.

St-Louis ne pouvait manquer de restaurer à l'intérieur de la ville le mur que j'ai appelé le mur contre l'habitant, dont j'ai parlé dans l'étude de l'enceinte Wisigothe et Féodale et qui avait pour but de séparer la population de la garnison.

St-Louis devait forcément réédifier ce mur et on peut affirmer qu'il le réédifia contre l'habitant. Cette réfection ne fait pas de doute, car on retrouve tout son appareil par endroits très précis.

En effet, à ce moment-là, dans la gésine de la monarchie et de l'unité française, dans cette période sanglante et embuée de la guerre des Albigeois et de la dévastation de la Provence, comme on appelait alors le Languedoc, la Cité avait gardé le souvenir de son extermination. Les survivants erraient, irrités et proscrits ; de toute cette misère sociale, de toutes ces souffrances physiques, de toute cette proscription montait un souffle de révolte permanente qui prit corps lorsque l'Inquisition se mit à fonctionner au pied de la ville, dans cette prison de la Mure, bâtie au ras des talus, au sommet du faubourg actuel de la Barbacane.

Il y eut de vraies séditions, des émeutes ; il y eut l'assaut donné par le peuple à la prison et au couvent des moines inquisiteurs ; il y eut l'aventure extraordinaire de Bernard Délicieux, ce moine apparaissant comme un apôtre de la libération et de l'humanité et essayant de démolir la Bastille Inquisitoriale.

C'est à ce moment-là qu'on comprend surtout l'utilité de ce mur intérieur pour interdire le contact de la troupe avec la population et c'est ce qui expliquera dans ce qui va suivre le renforcement de ce mur par Philippe-le-Hardi.

En dehors des fortifications, St-Louis ne fit pas progresser l'art du combat et n'apporta aucune modification aux armes et aux machines en usage ; il ne fit opérer qu'un agrandissement des meurtrières.

Chap. LE SIÈGE

Là où il excella ce fut, comme je l'ai dit, dans les ruses compliquées de la défense, angles, murs se commandant et se contrebattant ; il multiplia les herses, les portes, les grilles, les
mâchicoulis qui étaient de bois dans une ville au pied de laquelle
un fleuve flottable apportait les arbres séculaires des forêts environnantes.

Les défenses du Château et sa Barbacane furent ses principales
créations. Les tours et les remparts allaient après lui voir surgir
leur grand constructeur Philippe-le-Hardi.

Fortifications de Philippe-le-Hardi

(1270 à 1285)

A la mort de St-Louis, en 1270, son fils Philippe-le Hardi, soit, comme son père en souvenir du terrible assaut de 1240, soit dans la préoccupation de l'invasion Maure qui fut la menace perpétuelle de ces époques, menace qui ne cessa dans l'esprit des rois qu'en 1654, à la cession du Roussillon à la France, fit travailler avec un zèle extraordinaire aux défenses de la Cité.

Si en 1285 la mort ne l'avait arrêté dans ses projets et dans l'exécution des travaux commencés, travaux qui furent comme la hantise de son règne, il aurait très probablement défait, ne les trouvant pas suffisantes, les fortifications édifiées ou réparées par son père, pour leur donner l'allure extraordinaire de force et d'imprenabilité qu'il a donnée à celles qu'il a créées de toutes pièces.

Il exhaussa d'abord certaines courtines de l'enceinte intérieure et de l'enceinte extérieure. Il est impossible de faire et d'écrire le détail de ces réfections faciles à retrouver car chaque fois que le

visiteur voit sur une muraille ou sur une tour des assises de pierres
à bossages, il est en présence de l'appareil de Philippe-le-Hardi
qui, par ce luxe de taille de la pierre, a donné à son œuvre un
caractère de force puissante et de particulière beauté.

Tandis que St-Louis soulevait les anciennes fortifications et
s'attachait à les solidifier par la base, Philippe-le-Hardi eut comme
préoccupation architecturale la hauteur des sommets.

Les remparts qu'il a élevés donnent le vertige. L'épervier a du
mal à les dépasser de son vol.

Comme créateur, Philippe-le-Hardi a construit deux triangles de
fortifications, qui à l'est et à l'ouest, ont agrandi l'enceinte intérieure
comme l'indique le tracé du plan.

Il a complètement édifié sur l'ancienne enceinte wisigothe ou
féodale :

La Tour de Balthazar (48).

L'inexpugnable triangle sud-ouest comprenant :

La Tour St-Martin (44).

La Tour de St-Nazaire (43) qui défendait la porte ouvrant sur
les lices en face de la poterne et de la Barbacane du Razès, et qui
était destinée à être, en quelque sorte, le bouclier de l'Eglise.

Il est à remarquer que cette porte était au moins à 3 mètres en
contre-haut du sol des lices et cette hauteur, donnée par le niveau
de la poterne du Razès et du puits qui est au pied de la tour, rendait
plus difficile l'accès de cette ouverture qu'on ne pouvait atteindre
qu'avec des échelles, une fois l'enceinte extérieure forcée, et qu'on
ne pouvait enfoncer par suite de plain-pied et d'un seul élan par la
poussée des hommes et des madriers.

Cette Tour St-Nazaire a à ciel ouvert et sur sa face intérieure un grand escalier de pierre qui donnait accès dans le Chapitre. Le Chapitre occupait au sud de l'Eglise, tout le terrain allant de l'Eglise aux remparts.

La Tour du Moulin du Midi (42).

Cette tour a aussi à l'intérieur et à ciel ouvert un escalier de pierre qui donnait accès dans le cloître de l'Evêché.

La forte tour d'angle dite Mi-Padre (41) tour au nom Aragonais, qui était un perpétuel cri d'alarme de cette sentinelle de pierre regardant du côté du Razès et du pays limouxin d'où étaient venus si souvent et d'où pouvaient revenir en rafales les indomptables fils du désert africain.

La Tour de Cahuzac (40).

Cette tour est la seule entourée d'une galerie couverte avec colonnades et garde-fous, ayant une porte ouvrant au niveau du sol de la ville et un réduit formant appartement. Il est à présumer qu'elle servait de logement à un chef de la défense chargé et responsable de cette partie de la forteresse.

La Tour Carrée de l'Evêque (11) à cheval sur les deux enceintes, appelée ainsi parce qu'elle était attenante à l'Evêché, qui était sur l'emplacement formant la terrasse de l'hôtel actuel de la Cité. Il ne reste aucun reste, aucun vestige de cet Évêché ni de ses dépendances, emportés et détruits par la tourmente révolutionnaire.

La Tour Ronde de l'Evêque ou de l'Inquisition (39) sur laquelle je reviendrai.

Le triangle des défenses Est, édifié complètement par Philippe-le-Hardi est encore plus inexpugnable.

Ce Roi a construit entièrement le rempart allant de la Tour du Moulin du Connétable (22) de l'enceinte Wisigothe et Féodale à la magnifique Tour du Tréseau (21) et aux deux Tours Narbonnaises qui remplacèrent l'ancien Château Narbonnais.

Ces tours sont le plus merveilleux modèle et le plus complet de l'architecture militaire du XIIIme siècle. Elles commandent, en communiquant entre elles, la Porte dite Narbonnaise défendue par quatre herses, protégée par des mâchicoulis, des grilles et par une trappe supérieure permettant d'accabler l'assaillant si par un prodigieux et miraculeux effort celui-ci arrivait à forcer la porte assujettie par de robustes madriers, à briser les herses, les grilles et à pénétrer sous les voûtes.

Ces Tours Narbonnaises ont leurs silos, leurs citernes, leurs fosses, leurs grandes et innombrables meurtrières, tout un jeu de défenses intérieures, faux escaliers amenant l'assaillant dans des salles sans issue où par en haut il était écrasé sous les pierres et les traits.

A l'extérieur elles sont armées de becs de pierre en forme de proue de navire qui rejetaient le choc des béliers, des catapultes et obligeaient l'assaillant à les attaquer de flanc et à s'exposer, à découvert, aux flèches jaillies des meurtrières.

Plus encore que St-Louis, son fils se préoccupa de tenir l'habitant en respect ; comme son père il fut hanté par l'idée de dompter l'ennemi du dedans, cette race qu'on avait combattue l'épée et la croix au poing et dont la fière indépendance avait sous la mutilation et le martyre de perpétuels ressauts.

La révolte intérieure toujours à craindre amena Philippe-le-Hardi à créneler à l'intérieur, du côté de la ville, les tours qu'il édifiait, notamment la Tour ronde de l'Evêque (39) de Mi-Padre (41) et de St-Nazaire (43). Ces tours ont également vers l'intérieur des trous de hourdages.

On ne s'expliquerait pas ces défenses intérieures, car elles devaient tomber d'elles - mêmes une fois les tours prises, mais on les comprend si on se rappelle que la Cité passée aux mains de la monarchie fut armée contre la révolte intérieure comme elle l'était contre l'ennemi du dehors.

La forteresse fut le gendarme de la région Carcassonnaise et après avoir succombé pour la défense de son peuple, elle fut armée contre cette même race dont elle avait protégé l'indépendance et dont elle était le berceau.

Philippe-le-Hardi fut dans son système de défense fidèle à la méthode du temps de multiplier les mouvements, les lacets des murs et leurs feintes.

Au Château-Comtal, à l'ouest, il accrut les énormes défenses de St-Louis et après celles de la Porte d'Aude il créa par étranglement un système de surprise pour l'assaillant sur lequel j'ai à m'arrêter quelques instants.

Le point faible des forteresses, des villes fortes du Moyen Age, jusqu'à l'invention de la poudre, était les portes sur leurs diverses faces, portes cependant indispensables.

Lorsque, comme la Cité, les villes avaient deux enceintes, le danger des portes devenait double, d'où dédoublement des points faibles qui semblaient attirer les coups de l'ennemi.

Aussi, que de défenses accumulées autour de ce défaut de la cuirasse. D'abord il n'y avait qu'une porte d'une dimension aussi restreinte que possible ; puis on la défendait par des herses, des grilles, des mâchicoulis, et on la consolidait à l'intérieur par de forts madriers dont les bouts s'enfonçaient dans les gaînes très visibles encore, de la pierre des montants.

54 —

En avant des portes étaient les barbacanes.

A la Cité il y a un grand nombre de poternes et il devait en être
ainsi pour les besoins incessants de la population ou pour le service
du Château.

La poterne est étroite ; on pouvait l'armer de bois trapus et de
courte portée, partant incassables ; elle ne pouvait livrer passage
qu'à un homme à la fois et se trouvait généralement en haut du
sol ; par endroits elle était assez forte pour obliger l'ennemi à
l'assaillir à l'aide d'une échelle. Un homme venant ainsi essayer de
la briser à coups de hache était à la merci des meurtrières.

Au Château, donnant sur les défenses ouest, il y a un jeu de
double poterne, l'une intérieure, l'autre extérieure, qui donnent
l'impression d'une trappe, car pour aller de l'une à l'autre il faut
en quelque sorte sauter dans le vide et remonter.

Un travail intéressant aurait été de déblayer jusqu'au niveau du
vrai sol. La surélévation des portes et poternes au-dessus du pied
des tours et des remparts aurait donné la notion exacte de la façon
dont on protégeait et dont on situait les ouvertures. C'est alors que
la Cité se serait dressée de toute sa hauteur.

On a beaucoup restauré, réédifié et construit, on n'a pas assez
creusé le sol. On a trop recherché la vérité séculaire en hauteur, il
aurait été plus utile de la rechercher, au contraire, dans les profondeurs du sol fait de débris accumulés et de l'alluvionnement que le
temps apporte à chaque chose, le temps, ce fossoyeur inlassé qui
jette ses pelletées de terre, de gravier, de poussière, sur les hommes
et les choses et semble se complaire à les ensevelir.

Comme je viens de le dire, les défenses se multipliaient au-devant
des portes. La Porte d'Aude dont j'ai tâché de donner l'impression,

était comprise dans le prolongement des formidables défenses du Château et elle était elle-même si bien défendue que l'assaillant devait renoncer à l'enfoncer.

Philippe-le-Hardi conçut l'idée de mettre à profit cette résistance de la Porte d'Aude pour entraîner l'assiégeant, découragé et accablé, dans un espace qui, laissé libre devant lui, paraissait lui permettre de se reformer et de reprendre haleine, mais devait au contraire aggraver sa position.

Sous St-Louis, l'ennemi battu et contrebattu devant cette porte, une fois les lacets, la Barbacane franchis, voyait à sa droite un espace libre où il devait se jeter d'instinct ; bien que cet espace qui était l'entrée des lices hautes fut commandé par la Tour Wisigothe (38) et la Tour du Petit Canissou (10) susceptibles par leurs lacets de lui causer grand dommage, il pouvait s'égailler après les avoir franchis et se reformer.

Philippe-le-Hardi, en créant la fortification qui va de la Tour de l'Evêque bâtie par lui (39) à la Tour d'angle Mi-Padre (41) donna à la fortification la forme suivante :

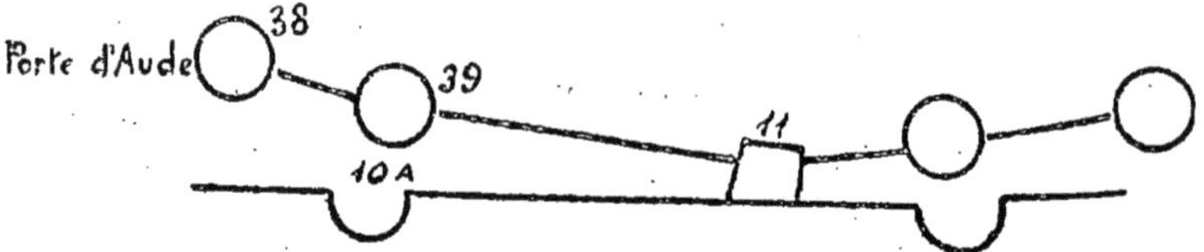

L'assaillant détourné par la résistance de la Porte d'Aude, accablé par les tours 38, 39 et 10 s'engageait plus à droite, en A, mais une fois là en nombre, il cherchait à se prolonger sur sa droite et trouvait l'étranglement de la Tour carrée de l'Evêque (11) bâtie par Philippe-le-Hardi, à cheval sur les deux enceintes.

Cet étranglement ne pouvait laisser passer qu'un ou deux hommes à la fois et c'était alors au profit des assiégés que se produisait

l'émiettement des forces assaillantes. Il suffisait en effet, quelque
réduit que fût le nombre des défenseurs de la ville, d'attendre
l'ennemi à la sortie du couloir formé par les deux supports de la
Tour de l'Evêque. Le nombre n'était plus à craindre car c'était
individuellement que chacun des assaillants devait essayer de
forcer le passage.

Je me suis étendu sur ces détails que je crois intéressants.

En effet, étudier des défenses matériellement, moellon par
moellon, est chose que peuvent se permettre seuls les techniciens.
Saisir et rechercher le but de la défense, la pensée qui a guidé
les constructions, présenter cette défense dans le développement
de ses ruses de guerre est plus immatériel et plus saisissant. Les
pierres prennent, en quelque sorte, des ailes.

Après cet effort puissant des deux Rois, la Cité parut être et était, en effet, imprenable mais placée sous l'autorité royale, elle n'avait plus à redouter les guerres de Comté à Comté, de Province à Province, de Forteresse à Forteresse ; elle n'avait même pas à craindre l'invasion, puisque le Prince Noir, dans sa chevauchée de destruction et de mort en 1305, après avoir brûlé la ville basse, n'osa pas attaquer la Cité et tourna bride devant elle dès qu'il eût été reçu en avant même de la forteresse, et à l'entrée du pont, par une volée de pierriers qui lui tua beaucoup de monde.

La ville fortifiée ne fut plus dès lors qu'un modèle d'architecture militaire. Le temps des assauts et des combats était passé pour elle, le cauchemar de l'invasion Arabe s'était lui-même dissipé.

Cette Cité complète, créée sur certains points, restaurée sur d'autres, avec ses cinquante-trois tours, ses barbacanes, ses courtines, s'impose à celui qui la voit d'en-bas, repliée dans sa double enceinte, hérissée des flèches de ses toitures et profilant ses découpures sur le ciel.

Mais la pensée dépasse bientôt cette imposante et magnifique vision. La Cité ainsi complétée a le sort des choses qui ne sont plus fidèles à leur destin ; son armure si superbement forgée dans toutes ses pièces n'a plus subi de chocs depuis que St-Louis et Philippe-le-Hardi en furent les forgerons.

Ainsi la belle Tour de la Vade (18) bâtie de façon à soutenir un siège à elle seule, n'a servi qu'aux exercices de tir à l'arbalète des Mortes-Payes, milice bourgeoise, sorte de garde nationale venant s'exercer à atteindre le Papegay, oiseau empaillé placé au sommet de la tour.

Les Tours Narbonnaises n'ont connu ni les Barbares, ni les

58 —

Croisés et n'ont fait que symboliser la puissance de la Monarchie Française en n'étant plus que le palais des Gouverneurs militaires de la Cité.

Le triangle des tours superbes de Philippe-le-Hardi, l'enceinte dite de St-Louis dans la partie édifiée ou refaite par le Saint Roi, ont gardé l'épée au fourreau.

Ce n'est pas de leur côté qu'il faut que le visiteur aille chercher des impressions et des réalités s'il veut autre chose que des leçons d'architecture militaire, c'est-à-dire s'il veut ressentir la vibration du passé héroïque qui s'est déroulé là.

Le jour où les guides changeront leur itinéraire et pourront conduire le visiteur sur toute la façade nord, ils seront les initiateurs d'une Cité transfigurée et réelle.

Sur la défense nord, en effet, se présente au regard, depuis la Tour de la Charpenterie (27) jusqu'à celle du Moulin du Connétable (23) le front des Tours Wisigothes, très reconnaissables à leur soubassement carré, à leur appareil, à leur ligne transversale de briques rouges, et reliées par une muraille refaite à son sommet par St-Louis, mais qui, sur sa face, porte les brèches, les traces des reprises de construction, les arcs de décharge qui l'ont soutenue, le radoub fait pendant le combat pour panser les plaies que lui avait faites l'assaut, comme les réparations de fortune sur les vaisseaux troués pendant la bataille.

Cette façade nord était en quelque sorte la poitrine de la forteresse, l'endroit où lui étaient portés les plus rudes coups.

Au-dessus de la Porte de Rodez qui est entre la Tour de Samson (25) et la Tour de la Marquière (24) les traces de la brèche sont visibles. Entre la Tour du Vieulas ou Biélard on voit deux reprises

de la muraille dont l'une est féodale, c'est la courtine avec fenêtres
à meneaux.

Toutes ces tours Wisigothes ou Féodales ; Tour de la Charpenterie, Tour du Moulin d'Avar, Tour de Samson, Tour de la Marquière, Tour du Moulin du Connétable, sont les témoins des temps
héroïques, et entre toutes il en est deux, la Tour de la Marquière
et la Tour du Vieulas, dont l'aspect impressionnant oblige le
visiteur à s'arrêter devant elles et à leur rendre hommage.

Pauvres tours penchées, tordues, brûlées, qui ont gardé la torsion
de leur prodigieux effort. Leurs moellons calcinés sont restés
disjoints, inégaux ; leurs cintres, mal formés comme tout ce qui

relève de l'art primitif des Wisigoths, se sont encore affaissés
davantage.

Elles ont l'air de se soutenir entre elles dans leur posture infirme et mutilée à l'aide du vieux rempart qui les relie, et porte lui aussi, ses déchirures, ses blessures, ses pansements, son déchiquettement.

Elles et lui ont supporté de furieux assauts à leur tête, la sape et la mine à leur pied, le feu dans leurs crevasses, les coups de béliers, de catapultes et de madriers sur leurs flancs déchirés.

On sent qu'un ouragan tragique a passé là et on peut mesurer l'héroïsme de la résistance à la rudesse des coups qui furent portés.

Ce sont des vestiges, ceux-là, et devant eux l'émotion vous étreint. Tout un passé fulgurant se dresse ; toutes les souffrances et les fureurs guerrières apparaissent, et les vieilles tours portant la trace des chocs qu'elles ont reçus dans la bataille, donnent la sensation très nette de ce que cette époque tourmentée devait être dure aux hommes morts depuis si longtemps, et aux fortifications encore debout, mais portant l'empreinte heureusement conservée des terribles étreintes des combats.

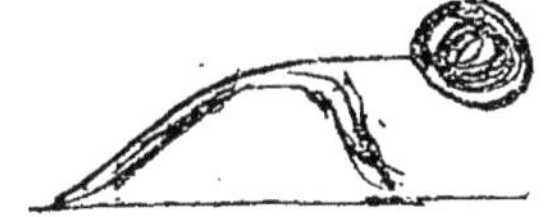

La Tour de l'Évêque et la Tour de la Justice

ou Tours de l'Inquisition

JE viens de parcourir les trois époques des fortifications au point de vue de la guerre. J'ai fait connaître, en évitant les détails trop confus et les discussions trop techniques, l'ensemble de la forteresse au point de vue architectural militaire.

Pour compléter cette étude des tours, je vais, de façon à ne pas revenir sur cette partie, en détacher deux qui, au point de vue historique et philosophique, si je puis dire, ont attiré l'attention et provoqué des discussions du plus haut intérêt.

Cet examen devance la marche chronologique de mon récit, mais je crois plus utile de le faire à ce point de mon travail.

Ces deux tours font partie, l'une et l'autre, de l'enceinte intérieure, mais l'une la Tour Ronde de l'Évêque ou de l'Inquisition (39) est dans le triangle de fortifications créé de toutes pièces à l'ouest par Philippe-le-Hardi ; l'autre est la tour d'origine féodale (37) restaurée très probablement par St-Louis, appelée Tour de Justice et plus tard Tour de l'Inquisition.

Durant la période Féodale et Comtale qui fut close après la prise de Carcassonne par les Croisés en 1209, sous Roger de Trencavel, dernier Comte indépendant de Carcassonne, il ne saurait être question d'Inquisition, ni en nom, ni en fait, puisque tout schismatique ou hérétique avait asile dans les villes soumises au Vicomte Roger ; qu'il fut lui-même attaqué, trahi, emprisonné ; que ses vassaux furent dispersés, jetés nus sur les glacis, massacrés pour le plus grand nombre, parce qu'ils n'avaient voulu, ni eux, ni lui, obéir au Pape, au Légat, à leur Evêque Béranger, leur ordonnant d'extirper l'hérésie et de la livrer.

Sans doute il y avait bien des délinquants de droit commun, mais cette justice ordinaire s'exerçait, rendait ses arrêts dans la tour dite de Justice (37) durant la période Féodale.

Quiconque voudrait faire de l'époque des Trencavel une époque de supplice et de torture commettrait une erreur historique, car on ne saura jamais, et je l'établirai dans les chapitres qui vont suivre, combien fut grand à cette époque l'esprit de tolérance.

Le rattachement de Carcassonne à la monarchie et le gouvernement de Simon de Montfort exécuteur des desseins des légats, marquèrent la fin de la Féodalité dans le Midi englobé dans l'unité française ; mais que de ressauts, que de luttes durant les premières périodes de ce changement d'état politique, périodes qui se déroulent dans la buée terrifiante de la guerre des Albigeois, guerre qui ruina, saccagea pendant trente-cinq ans le Languedoc et la Provence, et fit de ce pays si riche autrefois, si fertile, si gai, un lieu maudit couvert des ruines des châteaux-forts démantelés et pris d'assaut. Des scènes horribles se produisirent dans ces prises de forteresses ; en voici une entre mille :

La ruine, la dévastation et la mort furent les fléaux qui s'abattirent sur la douce terre de Provence et du Languedoc d'où, détail particulier, les troubadours s'enfuirent pour jamais, chanteurs dispersés par l'orage, comme les oiseaux qui, pendant la tempête, désertent leur buisson.

Les plaines furent ravagées, les récoltes détruites, le sol fut rendu infertile. Les villes furent occupées militairement ; les châteaux de Minerve, de Termes, du Cabardès, de Cabaret, de Saissac, qui avaient opposé aux Croisés les plus rudes résistances, furent démantelés, éventrés, brûlés, jetés aux fossés.

Les populations furent livrées à la soldatesque, aux bas officiers, aux hommes d'armes ; la rudesse du temps s'accrut de la férocité de la lutte, car les guerres puisent leur degré d'horreur dans la cause qui les déchaîne.

Le souvenir s'est perpétué du viol et du rapt qui accompagnaient la victoire. La femme, cette chair à plaisir que la cruauté des hommes torture dans le déchaînement de la bête humaine, comme si la passion du mâle s'aiguisait du long et raffiné martyre de la victime, a payé, tout le long de l'histoire des guerres et jusqu'à nos jours, un tribut de souffrance, de joie charnelle et d'horreur aux guerriers victorieux.

Lorsque le Château de Saissac fut pris, les Capitaines qui avaient enfin abattu ce nid d'aigles et rendu impuissante la terrible épée du Sire de Saissac, se livrèrent à une orgie qui créa des raffinements inconnus. Il y eut un premier engagement, un premier massacre, puis, les chefs, ivres des vins qui coulaient mêlés au sang dans les rigoles du donjon, s'assemblèrent dans une salle spacieuse et là, sans pitié, l'ivresse au cerveau, le feu dans leurs

Chap. ENCEINTE WISIGOTHE ET FEODALE

veines de mâles, la cruauté implacable au cœur, ils se firent
amener les jeunes et belles serves mises en tas sous la garde des
soldats, et après avoir fait joncher de fruits et de cerises le plancher
de la salle où ils se vautraient sur les bancs et les escabeaux, ils
obligèrent avant d'abuser d'elles et de les poignarder ensuite, les
plus belles, à ramasser nues, devant eux, un à un, les fruits répandus
sur le sol.

Pauvres adolescentes, aux formes splendides, gallo-romaines
taillées dans le marbre latin, descendantes brunes et superbes des
Maures, aux yeux de métal, elles allaient, se courbaient dans les
poses divines que nécessitait l'ouvrage qui leur était imposé et
toute cette beauté, cette pudeur en révolte, toute cette jeunesse ne
les sauvèrent pas ensuite du viol et de l'égorgement.

Ce n'est pas de la légende ; le souvenir de cette scène avait
tellement frappé l'esprit des rares survivants, que de génération
en génération ce souvenir est resté, transmis de bouche en bouche
et de mémoire en mémoire comme un chant tragique de l'Iliade ;
c'est un vieillard qui me l'a contée.

Je reviens aux détails historiques des deux tours faisant l'objet
de ce chapitre.

Dans cet exécrable déchaînement des passions et des haines une
invasion suivit l'autre. Derrière l'armée des Croisés le flot des
Réguliers entra dans notre région par la brèche qu'avaient faite
les hommes d'armes.

Les ordres religieux apparurent plus ardents encore que les
terribles Cisterciens, il y eut les Franciscains et surtout les Domi-
nicains qui s'emparèrent de la juridiction ecclésiastique chargée
d'extirper l'hérésie et l'appliquèrent pour un temps qui dura près de

deux siècles, mais qui surtout au XIIIe et au début du XIVe soumit
la Cité de Carcassonne aux plus cruelles rigueurs.

Comment nier les excès de cette juridiction chargée de compléter
l'œuvre d'extermination commencée par le glaive et de ramener
à la Foi par la fureur de la procédure criminelle ceux que le fer
n'avait pu convertir ?

Où trouver, d'ailleurs, meilleure preuve de ces excès que dans
les soulèvements violents du peuple contre les Inquisiteurs, contre
leurs demeures, contre la prison où étaient enfermées les victimes ?
Que dans l'aventure tragique du moine Bernard Délicieux entraî-
nant la foule au début du XIVe siècle à délivrer les « immurati »
c'est-à-dire les malheureux détenus dans la prison de la Mure ;
et dans les plaintes successivement adressées au Pape aux XIIIe et
.XIVe siècles par les habitants de Carcassonne contre deux Inquisiteurs qui se signalaient par leurs cruautés ?

L'usage de la torture et de la question ne sauraient être mis en
doute. L'acte du pape Innocent IV de 1252 autorisait la question
dans les causes d'hérésie ; l'importance et la solennité de cet acte,
édicté en pleine tourmente, durent surexciter le zèle des Inquisiteurs
qui y puisèrent plus qu'une autorisation, mais un encouragement
et un excitant.

Cette recrudescence de sévérité fut telle qu'en 1311 un concile décida
que l'autorité des Inquisiteurs serait soumise au contrôle et au
concours de l'évêque, mais, chose étrange, celui qu'on croyait devoir
être le libérateur fut entraîné lui-même dans le mouvement de violence
répressive par les juges de l'Inquisition qu'il devait surveiller et
contenir, si bien qu'au début du XVme siècle c'est l'évêque qui
fut dénoncé au pape par la population pour abus de torture.

Les sentences étaient rendues dans l'atmosphère surchauffée des

66 —

pàssions du temps, dans la mentalité de résistance de l'esprit dogma-
tique à l'esprit de tolérance, dans un chaos de sentiments que le temps
estompe et dont on ne peut traduire que faiblement la vibration.

N'était-elle pas vraiment désorbitée cette époque où on implan-
tait la religion dans la chair vivante ou morte des malheureux
accusés de ne point se soumettre aux ordres de l'église ?

Aux Tours Narbonnaises, avant de franchir la porte du même nom
et en allant vers sa
droite, le visiteur
trouve à quelques
pas, adossé au rem-
part, un puits dont
le dessus a la forme
d'une chapelle,
c'est le puits dit
de la Sandrine

(Alexandrine) du fait qu'une jeune fille s'y jeta pour des raisons
d'amour, disent les uns, dans un accès de folie disent les autres ;
l'autorité inquisitoriale jugea cette morte ; on assit ce cadavre sur
le banc de justice et après débats on décida qu'elle ne pouvait pas
être enterrée en terre sainte.

Dans une autre circonstance, deux hommes soupçonnés d'irréli-
gion de leur vivant furent déterrés par les Inquisiteurs eux-mêmes,
personne n'ayant voulu aider ceux-ci dans cette extraordinaire
besogne, furent jugés par eux et convaincus du crime d'hérésie.

Pourquoi ne pas répudier ces fureurs ?

C'est dans tous les cas le rôle de l'impartiale histoire de les
enregistrer ne serait-ce que pour prouver, comme je l'ai déjà dit,
que l'humanité, comme la femme, enfante dans la douleur, que le
progrès est le fils de la souffrance des siècles et que la liberté ne
naît que de l'abus de la tyrannie.

La Féodalité, je le dirai plus longuement dans la suite, fut une
clarté dans ces ténèbres datant de l'an mille et qui s'épaississent
après elle dans le chaos sanglant des XIIIe et XIVe siècles.

Ce qui précède permettra, peut-être, au sujet des deux tours
appelées Tours de l'Inquisition, d'éclairer leur histoire et de dire
pourquoi elles ont été deux à porter ce nom.

A Carcassonne, dès la chute des Trencavel et la prise de la Cité
en 1209, les procès pour l'hérésie allaient se multipliant et c'est
dans le faubourg de la Barbacane, au pied du talus ouest de
la fortification, que fut bâtie la prison appelée la Mure, et à ses
côtés le couvent des Moines Inquisiteurs.

En 1255 une inondation détruisit ce couvent et jusqu'à sa réparation l'Evêque donna asile aux Inquisiteurs à l'évêché, d'où le nom
de Tour de l'Evêque ou de l'Inquisition.

Quant à l'autre tour, à la fin du XVe siècle si ce n'est au XVIe, un
acte authentique porte comme confront la maison dite « Logis de
l'Inquisition » ; cette maison était et est encore à droite dès qu'on
a franchi la porte d'Aude.

A côté de cette maison ou du moins en face, de l'autre côté de
la rue, se trouve la Tour Féodale (37) qui était appelée autrefois,
je l'ai déjà dit, Tour de Justice, et où se plaidaient les différends
et les procès.

La galerie avec fenêtres à colonnades romanes du plus pur style,
sur laquelle ouvre la salle de cette tour, occupée actuellement par
les gardiens guides, est trop ornée par ces fenêtres pour n'avoir été
qu'un simple couloir ; il y avait là une grande salle s'étendant sur
les jardins attenants et la salle ronde des gardiens servait probablement de greffe comme semblent l'indiquer les crocs qui existent
au pied des arcs de la voûte, crocs qui, d'après l'opinion unanime,
servaient à supporter les sacs de peau renfermant les dossiers et
les pièces de procédure.

Dans la salle des gardiens, au levant, est un placard qui n'est autre que l'ouverture d'une porte ouvrant sur les jardins en contrebas, et à l'époque, sur la salle de justice éclairée par les fenêtres romanes dont je viens de parler.

Tout cet ensemble de pièces, de salles, véritable entresol, s'étendait jusqu'au mur haut, c'est-à-dire jusqu'au Château.

Si par la pensée on jette à bas tout ce qui a été fait à neuf dans la restauration du dessus de la Porte d'Aude, et si on rétablit, toujours en pensée, tous les planchers, tous les appuis, toutes les portes de communication qui devaient exister, tout permet de supposer qu'il y avait là, dans ce pâté de murs allant jusqu'aux remparts et comprenant la Tour de Justice, le dessus de la Porte d'Aude, le dessus de la ruelle qui va vers la place de l'Eglise en longeant les terrains qui étaient les dépendances du « Logis de l'Inquisiteur », un ensemble de voûtes, de couloirs, de salles, de communications ménagées dans les murs, enfin de planchers qui ont emporté avec eux dans leur disparition le secret de leur existence.

Il est certain qu'à la fin du XVe siècle et, à fortiori, au XVIe, la juridiction inquisitoriale qui avait subi de fortes secousses de la part du populaire, provoqué des dénonciations de la part des bourgeois et s'était si difficilement implantée dans cette terre du Midi (terre de la Liberté), allait en disparaître pour ne subsister qu'en Espagne ; il est certain, dis-je, que l'Inquisition n'avait plus son caractère de rigueur primitive.

La matière justiciable était d'ailleurs en quelque sorte épuisée après plus de deux siècles, et les juges inquisiteurs s'ils avaient le pouvoir attaché à leurs redoutables fonctions ne l'exerçaient plus dans la même mentalité.

L'aube de la Renaissance se levait ; la civilisation grandissai
à l'horizon où s'enfonçait le moyen-âge ; le logis de l'Inquisition
avec ses jardins, ses salles de justice attenantes, abritait l'Inquisiteur devenu une sorte de grand juge qui impressionnait par
la puissance du titre et de sa qualité plus que par les moyens
qu'employait sa justice.

C'est par exercice de sa fonction devenue une judicature en
quelque sorte ordinaire qu'il donna à la Tour de Justice (37) le
nom de Tour de l'Inquisition.

Quoiqu'il en soit, pendant tout le temps où l'Inquisition a fonc-
tionné et où on appliquait la torture et la question, on peut être
certain que ces juges répressifs et tortionnaires ne se rendaient pas
à l'audience en suivant les rues et par les chemins découverts.

Les accusés mutilés et pantelants n'étaient pas, non plus trans-
portés de la salle où ils avaient subi l'interrogatoire à leur cachot,
à la vue de tous ; tout se passait dans l'ombre mystérieuse des salles,
plus mystérieuse, encore, des couloirs, à la lueur des torches, dans
des scènes dont rien ne saurait diminuer l'horreur et que le grand
peintre Jean Paul Laurens a immortalisées de son pinceau.

Partout où s'exerçait, dans toute sa rigueur, cette juridiction
inquisitoriale, existaient des communications à l'abri des regards
pour ramener les prisonniers à leur cachot.

En s'adoucissant au XVIe siècle, l'Inquisition s'extériorisa et put
prendre l'allure des juridictions ordinaires. C'est l'époque où
l'Inquisiteur habitait le logis de l'Inquisition et usait de la Tour de
Justice.

Le temps a fait son œuvre, a détruit les traces matérielles des
cachots, des salles d'interrogatoire et de torture, comme s'il avait

voulu balayer de l'Histoire tous les vestiges et les détails de ces drames de justice que ni le raisonnement le mieux étayé, ni la fantaisie ne peuvent faire revivre à l'endroit précis où ils se sont déroulés.

Je reviens à la Tour de Philippe-le-Hardi, enceinte intérieure, qui porte aussi les noms de Tour de l'Évêque et Tour de l'Inquisition (39).

Son premier nom de Tour de l'Évêque lui vient de ce qu'elle était en bordure des terrains de l'Évêché, et plus tard, son nom de Tour de l'Inquisition, de ce qu'elle dominait le talus au pied duquel étaient la prison de la Mure et la Maison de l'Inquisiteur, peut-être aussi de ce qu'en 1255 ces Inquisiteurs, durant les réparations nécessitées à leur couvent par l'inondation, habitèrent les dépendances de l'Évêché et peut-être l'Évêché lui-même, car leur terrible pouvoir faisait trembler dans l'ordre religieux les plus hautes puissances.

On a voulu rattacher cette tour à une œuvre de justice répressive, en faire une prison où les prisonniers étaient attachés par des chaînes à ce pilier carré qui est au fond de la tour dans la pièce du rez-de-chaussée.

Il paraît difficile, alors même que l'appareil chaînes et carcans serait authentique, alors même que la pierre du pilier aurait été usée par le frottement des fers et des malheureux enchaînés tournant autour d'elle, d'admettre qu'il y ait eu là une prison. Le diamètre de la tour ne le permet pas, et le nombre de prisonniers à une époque où l'on arrêtait tous les suspects d'hérésie eût été trop grand pour ce petit espace. On ne comprendrait pas d'ailleurs une prison en quelque sorte politique sur la ligne même de la fortification.

Y a-t-il eu là une prison militaire ?

On voit sur les parois des dessins grossiers, des croix, des caractères gravés, une femme nue flagellée, qui peuvent tout aussi bien avoir été tracés par des soldats trompant l'ennui de la faction que par des prisonniers, les uns ou les autres se faisant ainsi un Ciel pour remplacer celui dont ils étaient privés et le peuplant de tout ce qu'enfantait leur imagination fruste et massive.

Il y a cependant une inscription dont le mot directeur est effacé, qui rend rêveur et ouvre à l'imagination de particuliers horizons.

Cette inscription latine porte les mots suivants : « Unica Pécunia Rerum...... Cujus...... ».

Sa traduction s'impose :

« L'unique valeur des choses est...... dont...... ».

Est-ce la liberté, est-ce la pensée, est-ce la volonté, est-ce le mépris de la mort qui est cette unique valeur ? Dans tous les cas celui qui a gravé cette phrase n'était pas un vulgaire prisonnier, c'était un érudit, un philosophe, un penseur, et alors ce cachot aurait enserré un prisonnier d'État, un chef de la révolte religieuse, et devant ces ténèbres on se sent de nouveau entraîné dans le courant des magiques mensonges, et on se laisse aller aux rêveries et aux mirages que sur son invisible et obscur métier fait et défait notre imagination.

LES EGLISES

AVANT de dire de quelle vie la Cité a vécu à l'époque héroïque de son existence, je dois parler de ses deux Eglises dont l'une fut sa Basilique.

La plus ancienne fut l'église placée sous le vocable de St-Sernin ou Saturnin qui occupait l'emplacement du calvaire actuel et dont il ne reste d'autres vestiges que la fenêtre qui était à l'orient, derrière le maître-autel et qui se trouve au centre de la Tour St-Sernin (53).

Cette église qui a comme la Basilique de St-Nazaire une existence obscure dans la profondeur du temps, mais qui existait dans tous les cas au XIe siècle et était, cependant une église Romane, avait, comme abside l'intérieur de la Tour actuelle de St-Sernin (53) et deux chapelles à gauche de la tour vue de l'intérieur; c'est en 1441 que Charles VII autorisa l'ouverture d'une fenêtre permettant d'éclairer le chœur.

Elle fut démolie en 1793 ; ses matériaux furent dispersés. En 1844 certains d'entre eux furent employés aux réparations de l'église St-Nazaire et d'autres dans des travaux urbains, par exemple ce pinacle que l'on voit encore dans la rue St Bernard, (aujourd'hui rue Diderot) dans le mur de gauche de la rue en allant du sud au nord ; d'autres enfin furent utilisés pour des besoins particuliers, c'est ainsi que près du sacraire St-Sernin, dans le jardin Arnaudy, on retrouve servant de montant à un petit escalier, une pierre portant un coq, c'est-à-dire les armes parlantes de la très ancienne famille des Poulhariès, et cette pierre figurait certainement dans l'église St-Sernin.

Cette église fut-elle une église paroissiale ? Peut-être ; mais après son vrai rôle qui fut d'être l'église ou chapelle affectée à la garnison. Je reprends ici la thèse soutenue dans un chapitre précédent :

Il y avait, ai-je dit, dans la Cité Féodale, un mur intérieur conservé plus tard sous la Monarchie, que j'ai appelé « mur contre l'habitant » pour le distinguer du mur féodal intérieur, assise de l'enceinte extérieure. Ce mur séparait la garnison forte de 2.000 hommes au moins, c'est-à-dire aussi nombreuse que la population, de cette population ; quoi d'étonnant que la troupe ait eu une église à sa disposition, église spéciale qui parait au danger de voir les hommes d'armes et les habitants se retrouver à l'occasion du service divin et des offices. Cet argument est logique ; il s'étaie sur des preuves matérielles : à droite de la Tour de St-Sernin on voit encore les marches qui permettaient de pénétrer du rempart même dans l'église directement, sans sortir de l'enceinte qu'on pourrait appeler de combat, réservée à la troupe et formée par ce mur intérieur qui venait justement à ce point-là finir entre la Tour St-Sernin et la Tour du Trauquet, comme l'indiquent les amorces qu'on voit encore. Enfin, l'Église St-Sernin était si bien une chapelle militaire qu'en 1308 l'évêque de Rodier y institua la confrérie des Mortes-Payes qui, bien que d'allure bourgeoise, n'en devait être que plus désireuse, en des temps où on ne se battait plus et où elle répondait comme usage guerrier à ce que fut notre garde nationale, de se conformer à tous les usages des terribles hommes d'armes de métier dont elle suivait pacifiquement les traces.

Basilique des Saints-Nazaire et Celse

L A Basilique des Saints-Nazaire et Celse, autant qu'on peut préciser ses origines se perdant dans la nuit du Ve siècle, a une existence historique à dater du VIIIe siècle. Elle vit sa nef romane agrandie par la Féodalité de 970 à 1090, et fut complétée de 1300 à 1320 par un transept et une abside élevés sur un terrain donné par St-Louis en vue de cet agrandissement, et aussi, par les deux chapelles latérales. L'une de ces chapelles, celle de gauche, fut édifiée en l'honneur de l'évêque de Rochefort qui par sa fortune fut le véritable édificateur de la partie gothique de la cathédrale.

Cette église où deux styles se confondent, et par la durée de sa construction appartenant à sept siècles, domine toute l'existence de la Cité. C'est un véritable livre dont les pierres, les sculptures, les statues, les vitraux, les rosaces sont les caractères admirables et triomphaux ; pour bien la comprendre il faut en saisir les détails à l'extérieur, examiner ses dépendances, et lorsqu'on y pénètre, en ausculter pour ainsi dire la matière pour en dégager sa vibration symbolique et sa puissance d'impression.

L'église St-Nazaire a suivi le rythme du mouvement architectural qui y a superposé, réuni dans une impeccable harmonie le Roman et le Gothique.

Massives, lourdes, s'élevant péniblement au-dessus du sol à leur début, les Cathédrales ont, dès le XIIIe siècle, allégé et relevé leurs formes, telles les plantes se dressant et amincissant leurs tiges à mesure qu'elles croissent dans la lumière ; les colonnes primitives supportent dès lors des branchages de pierres qui fusent et montent comme l'encens et la prière, sous la poussée de la foi, vers Dieu.

C'est la floraison de ces époques où malheureux, apeurés, livrés aux alarmes perpétuelles de ce monde et aux terreurs de l'autre, les grands et le peuple tremblant sous les terribles anathèmes du moyen-âge, se courbaient sous la force divine plus puissante encore que toutes celles qui les opprimaient.

Ecrasés par l'adoration d'un Dieu toujours redoutable et toujours irrité, ils élevaient vers lui non seulement le murmure de leurs prières, mais les temples qu'ils construisirent avec ferveur, espérant que tout ce travail merveilleux, que ces prodiges architecturaux, que ces dentelures domptant la pierre elle-même et la rendant en quelque sorte flexible, plairaient au Maître des Cieux et apaiseraient sa colère.

Elles étaient à la fois, ces cathédrales, le dogme et le sanctuaire, un enseignement et une menace, un prêche animé et terrifiant, elles représentaient tout le Credo chrétien.

Comme toutes les églises, la Basilique de St-Nazaire est orientée de l'ouest à l'est où est le maître-autel, symbolisme d'une religion née en Orient, et, dans un mouvement d'adoration imposé aux pierres elles-mêmes, cette orientation tournait les cathédrales et les plus humbles chapelles vers la Bethléem où naquit le Christ et vers la Jérusalem mystérieuse où il entra plus tard.

Elle avait une voix, cette Basilique ; sa grosse cloche qui existe encore porte comme inscriptions sa date d'origine 1170, une croix très grande, les figures du Christ, de la Sainte Vierge et de Sainte Madeleine dans un médaillon, et la phrase : « Malo nos defendat St-Nazari ». Elle est retenue par six griffes ornées chacune d'une tête de femme coiffée d'une cape ou foulard à six plis retenus par des nœuds très bien faits sur les tempes.

Une particularité de cette cloche c'est qu'un de ses rebords est enlevé sur une grande surface. Des explications ont été données : temps révolutionnaires, fonte des canons, fonte de monnaie. Certains pensent que cette échancrure a été faite pour unifier ou modifier le son de la cloche qui, avant de faire partie du carillon, n'était qu'un bourdon. Les récits vont jusqu'à dire que ce son était si terrifiant qu'on en diminua ainsi l'intensité.

A l'extérieur, entre sa façade sud et la partie de l'enceinte Wisigothe, aujourd'hui disparue, s'élevaient les dépendances du Chapitre ; elles comprenaient notamment la salle capitulaire dont on voit les arcs ogivaux sur un mur perpendiculaire au mur de la cathédrale ; le seuil de la porte de cette salle capitulaire, à l'extrémité de ce mur, existe encore. Il y avait les cloîtres et l'on peut voir en retrait de la muraille de la salle capitulaire les restes d'un cloître roman. Les chanoines de l'époque étant des Réguliers et vivant en commun, il y avait aussi des salles de réunion, un réfectoire. Ces dépendances du chapitre occupant toute la façade sud de l'église romane, la chapelle actuelle de Radulphe, ancienne infirmerie du Chapitre, antérieure comme création au transept de la Basilique principale et datant de 1266, arrivait jusqu'au débouché de la rue du Plô.

Sur la même façade sud, l'une des cinq portes de l'église St-Nazaire, celle à cintre roman, aujourd'hui murée, permettait aux Réguliers du Chapitre de pénétrer dans l'église à mi-longueur de la nef.

Sur la façade nord l'église a trois portes : la première en venant de l'ouest est une petite porte de service récente et sans intérêt ; à côté le grand porche roman ouvre sur le parvis de l'église ; ce devait être la porte réservée aux grandes cérémonies, aux Evêques et au cortège des processions.

Après le porche roman et au-delà de la tour octogone du haut de laquelle autrefois la voix éperdue de la cloche de la Cité résonnait dans les tempêtes pour détourner la foudre, et dans les combats pour appeler les habitants à la défense, se trouve la porte gothique dite des Morts ; en face d'elle s'ouvrait la porte du cimetière de la Cité sur l'emplacement duquel est bâtie la maison actuellement en façade ouest sur le parvis de l'Eglise.

Dans une ville de guerre souvent assiégée et qui ne pouvait inhumer ses morts à l'extérieur de son enceinte, le champ du repos était à l'intérieur, et selon la coutume si longtemps conservée dans les villes et les villages, à proximité de l'Eglise, dans la pensée pieuse qui voulait que les morts fussent en quelque sorte sous le vent des cantiques et sous la protection du culte.

A l'ouest, l'Eglise avait une porte aujourd'hui condamnée ou du moins masquée par une construction récente servant de débarras. A mon avis c'est par cette porte qu'entraient les fidèles ; des raisons impérieuses militent en faveur de mon affirmation.

Chap. LES ÉGLISES

À ces époques si rigoristes en matière religieuse, nul ne pouvait
entrer dans l'église s'il n'était baptisé, et tout au fond de l'édifice,
sous le porche, étaient les fonts baptismaux où avant d'être porté
dans l'église l'enfant recevait le baptême par immersion. On voit
encore d'ailleurs dans le mur même de l'Eglise, toujours à l'ouest
et à l'intérieur du débarras dont je viens de parler, des traces
d'appui, de pénétration de muraille et des arcs de décharge qui font
bien voir qu'en avant du mur ouest de l'Eglise existait une construction, un avant-corps servant de porche, de tambour, dans lequel
on baptisait et d'où par plusieurs ouvertures, car il y en avait de
spéciales aux hommes et aux femmes, on pénétrait dans l'Eglise.

Entre la partie de l'Enceinte Wisigothe intérieure disparue à
l'ouest et l'Eglise étaient l'Evêché et son jardin plus tard agrandi
par la construction de Philippe-le-Hardi et sur l'emplacement
duquel se trouve la terrasse de l'Hôtel actuel de la Cité. Une porte
romane murée qu'on voit sitôt qu'on contourne l'église en venant
de l'ouest, devait être celle par où l'évêque communiquait avec
l'église et d'où il pouvait aborder soit la porte commune aux fidèles
à l'ouest, soit le porche roman de la façade nord.

En continuant l'examen extérieur de la Basilique ou remarque
sur les corniches, le long des arêtes des murailles, sur les pinacles
qui se dressent au-dessus des larmiers, sur
tout le pourtour, à toutes les hauteurs, des
gargouilles apocalyptiques, des têtes de
moines oreillardes et grimaçantes, des
bêtes, des monstres qui symbolisent le
Péché, la laideur morale traduite par la
laideur physique, les vices, les fautes
charnelles, toutes choses qui doivent rester en dehors du temple où

se fait la purification de l'âme et qui étaient là comme au pilori,
pour frapper l'imagination des fidèles, leur faire horreur, les
pousser à éviter le mal et les précipiter soumis et repentants au
pied des autels.

A gauche de la porte dite des Morts on voit un chevalier repous-
sant un monstre ou dragon symbolisant le péché et lui défendant
l'entrée de l'Eglise.

A l'intérieur, la Cathédrale de St-Nazaire offre dans sa triple nef
le caractère roman. C'est la Féodalité qui agrandit la première nef
comprise d'abord entre les piliers des deux nefs latérales aux Xme
et XIme siècles ; le chœur roman arrivait jusqu'au pied des marches
conduisant à l'autel actuel.

Au-dessous est une crypte qui n'était peut-être que le sol de la
primitive Eglise.

Dès qu'on arrive au transept on voit la transformation de la
Basilique et l'épanouissement aérien et entrelacé du style gothique.
L'alliage des deux styles est formé par une sorte de style
byzantin, aux arcs outrepassés et aux souples contours, style
merveilleux dont les rudes chevaliers revenant de Palestine parlaient
sans pouvoir, dans leur ignorance, en faire le dessin ou l'image, à
leurs maîtres-ouvriers, à leurs constructeurs, mais que ceux-ci
comprirent et composèrent d'instinct. En effet, en regardant
l'Eglise de biais, du pied du maître-autel actuel on a comme une
expression orientale, comme une vision de Mosquée. Les chapiteaux, à l'exception de ceux de l'époque Carlovingienne, qui sont
sur les deux colonnes du fond, sont tous byzantins à mesure qu'ils
se rapprochent du transept ; mais comme je viens de le dire, ce
fut là une architecture sans modèle précis, éphémère, due aux
récits des Croisades et qui ne fut en quelque sorte que le point de

jonction des deux méthodes de construction romane et gothique.
Dans les voussures, les doubleaux, les lignes plus gracieuses,
apparut l'Ogive, l'œuvre divine de l'architecture ; elle marqua de
son caractère tout le génie des constructeurs religieux de cette
époque, de ce XIIIme siècle sur ces fins, de ce XIVme siècle à son
aurore. Avec elle l'art s'élança vers le ciel et eut pour ainsi dire des
ailes dès qu'il prit pour point d'appui la ligne brisée et sut enfanter
l'ogival.

Plus que les règles architecturales, plus
que la science du compas et des propor-
tions, ce qui dirigea la main et la conception des maîtres ouvriers qui travaillèrent
à la Basilique ce fut un sentiment de foi
ardente. C'est pour Dieu qu'ils assouplirent
la pierre et la firent chair pouvant vivre,
prier, souffrir et s'animer dans sa matière. Tout en effet est fouillé,
sculpté même dans les plus sombres recoins, même dans les
hauteurs.

Chaque motif est d'un fini admirable ; les feuilles d'arbuste sont
creusées et semblent naturelles. Quelle patience et quel continu
travail dans chaque alvéole où abeilles désintéressées peinaient,
concevaient et travaillaient des générations entières. La constance,
l'amour de leur art, le culte de leur ouvrage, ne se sont-ils pas
perpétués chez cet habitant de la Cité appelé Lacombe qui a mis
trente ans de sa vie à reproduire pierre par pierre, tour par tour,
à l'aide de cubes de bois, la double enceinte de la Cité ?

Les personnages ont leurs expressions ; il suffira de voir les bas-
reliefs de la chapelle de l'évêque de Rochefort (XIVe siècle) et du

tombeau de l'évêque Radulphe (XIIIᵉ siècle). Ce tombeau fut mis
à découvert à la suite de déblais, car les membres du Chapitre
avaient fait combler pour pouvoir facilement, de la chapelle de
Radulphe accéder au chœur de la Basilique, lorsque celle-ci fut
édifiée bien après la chapelle. L'examen du cortège qui accom-
pagne le corps de l'évêque Radulphe et assiste à sa sépulture
permet une observation très prenante dans l'ordre d'idées que
je viens d'émettre. Les sculptures des églises retraçaient, comme
dans un livre de pierre, toutes les actions de la vie, que dis-je,
jusqu'aux impressions. La philosophie humoriste de l'ouvrier qui
a sculpté ce cortège se retrouve dans son travail, où, avec malice,
il a retracé la mentalité, qui dure encore aujourd'hui, d'ailleurs,
des cortèges funèbres. Les premiers personnages, ceux du premier
deuil, sont attentifs, attristés ; ils lisent avec componction et
douleur leur livre d'heures ; les suivants lisent bien encore, mais
d'un œil plus distrait, car ils regardent de côté pour voir la foule
des curieux ; le mort va, ainsi, s'effaçant de l'esprit de ceux qui
l'accompagnent et en retour du tombeau, à l'angle, un personnage
qui fait partie lui aussi du cortège, mais qui est hors la vue, rit à se
tordre et n'a plus aucune préoccupation de son attitude. Par sa
joyeuse indifférence il se libère de l'obligation qu'il subit.

Comme je l'ai dit, on travaillait en pensée, en hommage à la
puissance divine.

Quel sentiment autre que la foi aurait guidé la main de l'artiste
qui a modelé dans le réduit obscur s'ouvrant sous le mur de droite
du chœur, réduit où sont renfermés actuellement les ornements
des desservants, les quatre têtes qui sont aux quatre angles de cette
pièce obscure, sur colonnettes, et qui symbolisent avec un art infini
de dessin les sentiments humains, la joie, la douleur, la malice ?

De celui qui a sculpté au sommet de la voûte, dans la travée de
gauche en venant vers l'abside, à la naissance de deux arcs sur
un chapiteau byzantin, cette tête de Christ qui pleure, figure hiéra-
tique dont la douleur est l'écho de toute douleur humaine et dont
les larmes semblent tomber goutte à goutte sur sa propre immo-
lation et sur tout ce qui souffre ici-bas.

Peut-être, en outre du sentiment religieux, songeaient-ils, ces
géniaux artistes, que tout s'écoule ici-bas, les ans, les hommes, les
saisons ; que les fleurs passent au ras du sol comme passent dans
leur course éthérée les lourds nuages blancs, et peut-être, devant
ces disparitions, espéraient-ils donner l'éternité aux choses par
la pierre plus dure que le métal et que rien ne peut oxyder, et ravir
à la force du temps tout ce que le temps doit détruire.

Pas un nom d'architecte, d'ouvrier n'est resté ; pas un d'eux
n'a tracé ne fût-ce que ses initiales sur un moellon de l'édifice
immense. Artistes incomparables, ils n'ont laissé que leur œuvre
et se sont perdus dans la poussière commune, sans vouloir
survivre par le souvenir de leur nom. N'est-ce pas la preuve qu'à
la différence de ceux qui les ont continués et qui n'ont pas manqué
de rajeunir l'une des verrières restaurée de leurs noms contemporains, ils considéraient que leur œuvre dépassait ce monde ?

Peu leur importait l'appréciation et la mémoire des hommes.
Leur chef-d'œuvre était sans nom parce que ce n'était pas pour
la gloire de ce nom qu'ils l'avaient créé, mais pour celle du
Très-Haut.

C'était un élan d'abnégation qui dépassait l'homme, humble et
infime outil, et n'immortalisait que la Basilique, bijou orné, ciselé,
serti en commun dans ses guirlandes creusées et fouillées, dans

ses dentelures, pour être offert par tout ce peuple de travailleurs, de Maîtres, de sculpteurs, d'architectes, au Sauveur du Monde pour lequel cette gemme avait jailli de leur ciseau et de leur art.

Ce ciseau n'enfantait-il pas des merveilles ?

Dans le chœur, une guirlande de colonnettes avec chapiteaux ouvragés de sculptures symboliques, reproduit avec un art infini toute la vie de ces populations : la vie pastorale par des brebis, un joueur de cornemuse ; la vie guerrière ; la vie entourée d'embûches et de passions par des loups, des animaux apocalyptiques ; les péchés par des formes sibylliques, même celui qui était le plus difficile à stigmatiser et cependant très reconnaissable.

Au-dessus de ces colonnettes et de leurs dessins sont sur des socles les statues des douze apôtres.

Sur les colonnes, à l'entrée du chœur gothique, sont les statues de St-Celse, de St-Nazaire, de St-Gimer, de deux anges symboliques, du Sauveur du Monde et de la Mère de Dieu.

Sous la Féodalité la femme est suzeraine et règne sans partage. Chaque chevalier ne vit et n'agit que pour sa Dame. En matière religieuse la Dame qui va entraîner les masses et les attirer vers son culte c'est la Mère du Sauveur. Elle idéalise la religion, elle est dans la pensée de tous. Sa statue se dresse dans les églises et aussi dans l'angle des maisons. Plus tard, Philippe-le-Hardi la placera à l'avancée de la Cité, au-dessus de la Porte Narbonnaise où on voit une vierge d'une torsion splendide détourner sa tête pour laisser libre l'ouverture carrée qui à côté d'elle concourra à la défense. Mais elle n'est encore que la femme, la mère ; en attendant que le dogme de l'Immaculée Conception soit révélé, le clergé s'empare des sentiments qui poussent les fidèles vers celle qui dans sa virginité féconde va rendre plus touchante l'austère religion du Moyen-Age.

Dans la niche ogivale, à gauche du transept de l'Eglise St-Nazaire, dans la chapelle dite de Ste-Anne, se trouve une Mater Dolorosa tenant son fils, descendu de la croix, sur ses genoux. Cette statue coloriée a des origines imprécises ; les uns la croient du XIVme siècle, les autres du XVme, mais elle n'est pas dans le ton et le style des sculptures de l'Eglise. D'autres la rattachent à l'Ecole Bourguignonne. Pourquoi ne pas admettre, à raison de sa coloration étrange, que, dans cette église dépendant d'une ville qui fut administrée et gouvernée par une branche de la famille de Robert le Vieux résidant à Barcelone, et plus tard par les Trencavel, neveu du roi Pierre d'Aragon, cette Vierge Marie est une vierge aragonnaise, peinte comme toutes les statues sculptées au-delà des Pyrénées, soit qu'elle ait été portée d'Aragon, soit qu'à la suite d'un vœu ou pour commémorer quelque grand événement un maître sculpteur aragonais ne soit venu la créer dans la Basilique de la Cité ?

Le dessus de la niche a son symbolisme. On y voit une tête de chien et une tête d'homme vulgaire. N'est-ce pas là une réminiscence de la crèche où naquit Celui qui fut adoré des bergers ?

En fait de sculpture la merveille des merveilles, à mon sens, est à droite du transept dans la dernière chapelle près de la porte de la sacristie actuelle. C'est à la naissance de deux arcs, une jeune femme, les mains jointes non pas dans l'attitude de l'adoration et de la prière, mais dans l'émotion soit de ce qu'elle voit, soit de ce qu'elle entend, soit de ce qu'elle va souffrir elle-même. Cette figure menue, vivante, au regard troublant, souffre dans sa chair de pierre ; de ses lèvres semble tomber le mot « Pitié » ; on ne cesserait pas de la contempler et on se sent attiré vers elle, tant est grand l'infini sentiment qu'elle dégage.

— 87

Les verrières de la Basilique saisissent par leur beauté et par le détail des personnages, des inscriptions ; elles renferment, elles aussi, l'ensemble symbolique de cette époque où tout avait une signification, où tout cachait une pensée, où le moindre dessin avait ses mystères, ou chaque mot avait sa portée cachée, où les temples se ressentaient du voisinage historique des sybilles et des pythonisses, des mystères sacrés des druidesses, où chaque religion se soudait à l'autre ; le terrible chant de l'Eglise Romaine lui-même, le « Dies Iræ » ne s'adressait-il pas à la devineresse antique dans le verset où il est dit : « Teste David cum Sibylla » ?

Les vitraux de la Cité comprennent dans le chœur la verrière du fond qui est de la fin du XIIIe siècle, cette verrière reproduit dans ses détails la vie du Christ depuis l'annonciation, la conception sans tâche, sa naissance, sa mise au tombeau. Dans les trèfles de chef sont des sujets plus symboliques, plus voilés, plus mysté-rieux, si le mot peut convenir à une exaltation de la foi.

Les deux verrières à côté de celle-ci par la grandeur des person-nages, signe distinctif de leur époque, appartiennent au XVIe siècle. Ces vitraux dont l'un où une femme tient un enfant, le jeune Celse croit-on, qu'elle présente à St-Nazaire qui lui montre une palme dans une sorte de divination du martyre, et dont l'autre montre une femme tenant un enfant dont la tête est auréolée, Ste-Anne, croit-on, portant la Ste-Vierge, sont plus symboliques que les autres.

Le premier de ces vitraux, celui où St-Nazaire prédit le martyre à Celse et qui dans sa partie haute fait apparaître un archevêque et un évêque revêtus de leurs ornements, fut, dit-on, offert à la Basilique de St-Nazaire par l'évêque de Narbonne qui y est inhumé.

88 —

Enfin les deux verrières à droite et à gauche qui sont aussi de la fin du XIIIe siècle affleurant le XIVe.

Je m'arrête un instant sur ces deux verrières dont l'une celle de droite retrace toute la vie et le martyre des Saints Nazaire et Celse, et porte à sa base l'image très reconnaissable de la Cité avec les mots « Rome et Milan » lieux de la naissance et du supplice de St-Nazaire. Cette verrière fut donnée par le Chapitre.

En face, toujours dans le chœur et à gauche, l'autre verrière développe la vie de St-Pierre et de St-Paul. Les deux vitraux du bas qui devaient porter comme dans l'autre verrière les inscriptions et les dessins révélateurs ayant été brisés, portent le nom de l'artiste contemporain qui les a restaurés au détriment de la mystérieuse impression qui se dégageait de la verrière tout entière. Cette verrière fut donnée, par l'évêque de Rochefort, dont les armes, c'est-à-dire le roc d'échiquier, figurent sur les montants du verre, en l'honneur de St-Pierre dont il portait le prénom.

A droite et à gauche du chœur les deux verrières qui sont, celle de droite dans des tons verts, celle de gauche dans des tons bleus et rouges, datent comme celle qui est au fond du chœur de la fin du XIIIme siècle.

A propos de la verrière aux tons verts il est intéressant de dire qu'elle est certainement la plus symbolique et celle qui offrait aux fidèles le plus de sujets de curiosité. C'est le développement de l'arbre généalogique de l'humanité et de la divinité à la fois, entremêlé d'emblèmes et de devises qui renferment un sens mystérieux.

Au bas du vitrail, le premier homme et la première femme, leur faute ; au-dessus, le Christ crucifié, le Rédempteur ; au-dessus, l'Esprit-Saint sous la forme d'une colombe, enfin Dieu le Père, c'est-à-dire toute la divinité dans son impénétrable mystère dominant l'homme faillible, faible et qu'il faut sauver de sa faiblesse.

Puis des hiboux en rangs superposés tout autour de Jésus sur la Croix, oiseaux des ténèbres placés autour de la divine clarté.

C'est dans ce vitrail dont trois parties seraient, dit-on, très anciennes que figurent sur des banderoles formant les branchages de la tige, des inscriptions où le renversement des lettres prouve qu'il y a là une restauration inconsciente qui, si elle a reproduit les tons et les couleurs, n'a pas répété les textes dans leurs arrangements primitifs.

La rosace nord, splendide, à gauche du transept est aussi de la fin du XIII⁰ siècle.

En face de la verrière grise de la chapelle du transept dite chapelle St-Sernin, à gauche du chœur, on voit reproduit sur cette verrière le roc d'échiquier de l'évêque de Rochefort et les armes de chef de son diacre. On peut en induire que cette verrière fut offerte par le diacre qui mit ses armes de chef, mais en hommage plaça aussi les armes de son évêque, fixant ainsi la date de cette verrière au XIVᵉ siècle.

La rosace sud à droite du transept, est aussi du XIVᵉ siècle. Les autres verrières sont sans intérêt.

Les fers latéraux que l'on voit donnant l'impression, si on regarde toute la ligne du transept, de barreaux aériens qui ont paru soutenir les colonnades et les piliers, ne prouvent-ils pas comme certains l'ont pensé, que chaque chapelle était séparée de l'autre par des grisailles de verre, dont ces barreaux étaient les supports, et faisaient de tout cet ensemble une sorte de lanterne dans laquelle se jouaient les reflets du jour ?

90 —

La restauration des vitraux a amené de grandes discussions et comme toute restauration a brisé le charme des lointaines origines, a couvert le passé du manteau moderne et a jeté le doute sur la date précise qu'on peut assigner à chacune de ces verrières qui n'en répandent pas moins un magnifique éclat. Un archéologue éminent et sympathique, spécialisé sur leur étude fera certainement bientôt la lumière sur les points en discussion et assurera les pas hésitants du visiteur ; mais qu'elle soit particulière ou complète, la restauration a dû s'inspirer au point de vue des couleurs de la beauté, de celles de la fin du XIIIe et du commencement du XIVe siècles.

Il est impossible d'ailleurs, malgré les orages sociaux et les temps troublés qui ont grondé autour de ces fragiles verrières, qu'il ne soit pas resté d'elles des témoignages suffisants de leur véritable origine. L'âge de la pierre sculptée a été celui des plus vives couleurs ; où en trouver de plus belles que sur ces verrières de St-Nazaire ? Leur restauration est indéniable ; elle est signée, elle est prouvée par l'incohérence de certaines inscriptions latines, mais le miracle de cette restauration s'est fait avec un tel éclat que c'est le vitrail primitif lui-même qui réapparaît dans sa beauté initiale.

Roses des verrières, Roses de douceur et de charme qui avez au moyen-âge, versé vos rayons sur l'or des étoles et sur la tiède pâleur des visages de femmes, vous êtes toujours les fleurs écloses dans le merveilleux coloris du XIIIme siècle expirant et dans l'aube du XIVme ; rien ne vous effeuillera.

A St-Nazaire, le soleil dès son lever, projette sur les verrières et la Rosace Sud à mesure qu'il grandit à l'horizon, sa lumière qui à travers l'indigo, l'incarnat, le jaune d'or et le violet des vitraux, irradie tout de ses prismes.

Quelle impression ne devaient pas laisser dans les âmes simples de cette époque ces mille feux qui se brisaient en éclats nuancés sur les ornements, sur les dalles, sur l'argent des fermoirs, sur l'acier des épées.

Ces flammes allumées par celles des soleils ne devaient-elles pas éblouir les yeux et illuminer la foi ?

Le soir, après que le soleil a disparu, les teintes sont encore plus impressionnantes et plus belles. La lumière que les verrières renvoient bleuit ; les mauves de leurs tons prennent une douceur alanguie, on dirait des lilas en fleurs s'échappant des doigts du crépuscule. C'est la langueur du soir qui vous pénètre et comme si la Cathédrale, Reine de la mort et de la nuit, devenait plus saisissante dans sa divine beauté, ses yeux nuancés vous regardent de leur plus suave regard, pendant qu'on sent se creuser en soi d'infinis abîmes où se dressent sur leurs inflexibles tiges les tristes et douloureux pensers.

C'est l'heure du souvenir, cet oiseau qui bat dans le cerveau de l'homme à sa maturité, nid qui frissonne, où tout se mêle et s'entre-mêle, hier, aujourd'hui, demain, où la joie a une si petite place, où la douleur de la destinée ne laisse que des regrets, et où, comme cassées gisent les ailes du bonheur.

Voit-on cette cathédrale un jour de fête, à la fin du XIIIe siècle ou sous l'Evêque Pierre de Rochefort, avec ses piliers entourés de branchages chargés de leurs feuilles et de leurs fleurs fixés sur les serges éclatantes ; ses tapis précieux ; les fumées de l'encens se répandant en nuages adorants ; dans le chœur, le Suzerain et la Châtelaine ; dans la nef centrale le haut et le bas Clergé, les Chevaliers ; dans l'une des nefs latérales les hommes en casaque rouge ou brune, dans l'autre les femmes dans la variété infinie des couleurs de leurs costumes ; au fond, les hommes d'armes dans leur camise de mailles avec capuchon, dans leurs chausses de peau grise et souple sur laquelle on laçait les pièces de l'armure, avec, au côté, l'épée et le poignard ?

Et sur tout cet ensemble, la mélopée des champs religieux et la lumière paradisiaque des vitraux.

La cathédrale était, ai-je dit, un enseignement, un ensemble, un livre ouvert aux fidèles, et, paraphrasant les beaux vers du grand poète Romain Thomas sur les Cités mortes, ne peut-on pas dire d'elle que comme une montagne posée à son horizon, elle apportait l'infini à la ville sombre et resserrée ?

Ne lui donnait-elle pas, à l'intérieur, par ses colonnes arrondies à leur base, puis s'étreignant à leur sommet dans leurs rameaux, dans le délié de leurs arcs, dans leur feuillage de pierre, l'impression des grands bois ?

Tout ce monde de monstres, de chimères, d'hommes à face bestiale et de bêtes à face humaine, dressé au-dehors dans son attitude horrible et se découpant sur la pure lumière du ciel, ne parlait-il pas aux fidèles des passions pour les en détourner ?

Au dedans, les vitraux, dans l'azur, l'incarnat et l'or de leur lumière n'étendaient-ils pas sur tout ce peuple extasié leur clarté triomphale ?

Les statues dressées sur les murs ou couchées sur les tombes n'enseignaient-elles pas la Mort et son calme puissant ?

Et le soir, alors que les petites maisons, à la tombée du jour, étaient perdues dans le crépuscule naissant, la Basilique dressant le profil de ses lignes sculpturales, ne dorait-elle pas, seule, ses flèches, dans les derniers rayons du couchant ?

Et puis, lorsqu'à son tour, altière et mystérieuse, elle était enveloppée par les ombres de la nuit, ne semblait-elle pas, comme une divinité accroupie, veiller sur les maisons au visage lassé et sur les petits toits penchés et endormis ?

Tout est problème, symbole, sous-entendu ; ces choses muettes, les pierres, ont un double langage ; celui qui se dégage d'elles au premier abord et celui qu'il faut deviner.

Dans un autre ordre d'idées il y a les sépultures. Mais tous ces Sarcophages sont devenus des Cénotaphes ; les morts ont disparu ne laissant même pas la place certaine de leurs tombeaux.

Simon de Montfort fut inhumé devant la chapelle de Ste-Croix, puis exhumé et inhumé de nouveau à Montfort-l'Amaury en Seine-et-Marne. Une dalle seule est restée dressée contre un des murs du transept de la Basilique et sur laquelle figure un chevalier de haute stature, grossière image, dit-on, de Montfort.

Mais qu'est devenu Roger de Trencavel ?

Vainqueur et vaincu ont disparu de cette terre de Cité qu'ils s'étaient si âprement disputée et dont ils n'ont pu conserver intact le lambeau qui fut nécessaire à leur sépulture.

D'ailleurs, que sont devenus les Saints, les Evêques, les Abbés si pompeusement inhumés jadis et couchés dans des tombes qui, protégées par la Basilique, semblaient à l'abri du temps et de ses outrages ?

Disparus Roger de Trencavel et Simon de Montfort : Vides les tombeaux de St-Hilaire, de St-Saturnin : Vides les sépultures où dormaient tant d'hommes puissants à qui on avait élevé un monument éternel.

La dispersion de leurs cendres, l'oubli de leurs noms font planer sur tous ces sépulcres la grande loi qui crée dans la mort la suprême égalité, celle qui brise les dalles somptuaires comme les pauvres cercueils, qui mêle la poussière des grands à celle des petits et les disperse dans le sein de la mère commune, la Terre, où elles demeurent à jamais confondues.

ROGER DE TRENCAVEL

ON ne peut s'appesantir sur la vie tout entière de la Cité.

A choisir une période de son existence historique, il n'y a qu'une époque pouvant intéresser par son intensité d'action d'abord, et ensuite par son essor vers la lumière, malgré les ténèbres du Moyen-Age.

Cette époque qui débute sous la suzeraineté du Comte Roger-le-Vieux (957 à 1012) se termine sous le descendant de ce dernier, le Vicomte Roger de Trencavel (1206 à 1209).

Cette période fut pour la Ville de guerre l'ère des combats ; ce fut aussi le temps où la Cité de Carcassonne, dans la vision des âges à venir, eut vraiment une âme.

C'est à ces dates que le lecteur doit être transporté par la pensée, pour qu'il puisse sentir, voir et connaître la Guerrière aujourd'hui figée dans son armure, qui, unique au monde, se dresse à l'horizon de mon pays.

Après la mort de Charlemagne la Cité fut gouvernée par les Comtes Francs.

Durant cette longue lignée de Comtes et de Vicomtes, dans le

chaos de ces suzerainetés exercées au milieu de perpétuelles
secousses, d'intrigues en haut, de conjurations et d'émeutes en
bas, (ne dit-on pas qu'un Comte fut poignardé en plein parvis
par un de ses hommes d'armes ?) deux figures seules sont à préciser
et doivent incarner cette époque : le Comte Roger Ier, dit le Vieux
(de 957 à 1012) et son arrière descendant Raymond Roger de
Trencavel qui avait douze ans en 1197 et soutint le siège de 1209
contre Simon de Montfort ; il fut fait prisonnier par trahison et
mourut la même année à 23 ans.

Ces deux hommes sont les deux cariatides qui portent la vieille
Ville Féodale et son histoire.

Les Seigneurs et les vassaux ne voulant pas d'une autorité
Comtale cédée par la branche descendante de Roger-le-Vieux à la
Maison de Barcelone, allèrent chercher en 1082 une Dame Ermen-
garde, femme de Raymond de Trencavel et investirent son fils
Bernard Alton du commandement des troupes de la Comté de
Carcassonne.

C'est de cette époque que l'histoire des Trencavel fut l'histoire
de la Cité elle-même, jusqu'au jour où cette lignée fut dépossédée
par la défaite et la mort de Roger de Trencavel, descendant des
Trencavel par son grand-père paternel et de son grand ancêtre
Roger-le-Vieux par sa grand-mère Ermengarde fille de ce dernier.

Roger-le-Vieux agrandit la terre vassale de Carcassonne ; fonda
et bâtit le Château Comtal pour suppléer à l'insuffisance du Château
Narbonnais qui bouclait à l'est l'Enceinte Wisigothe et Féodale
et qui dura jusqu'à Philippe-le-Hardi ; il fit construire la première
nef de la Basilique St-Nazaire. Roger-le-Vieux donna un essor
considérable à la vie industrielle de ses vassaux, mais il lutta sans

— 97

trève contre les Maures qui, de leur côté, s'acharnèrent à la reprise de Carcassonne qu'ils avaient possédée durant un demi-siècle et qu'ils considéraient comme la clé de leur porte sur la Gaule et la sauvegarde de leur puissance au-delà des Pyrénées.

Il fut victorieux dans chaque rencontre et il attribuait ses succès à l'habitude qu'il avait prise d'aller à pied en pélerinage, après chaque combat, en compagnie de la Comtesse Adelaïde sa femme, invoquer ou remercier dans le village du même nom, St-Hilaire, ancien Evêque de la Cité.

Il fit édifier le tombeau du Saint, son protecteur, dans lequel furent enfermées les reliques de St-Saturnin. Plus tard la Comtesse Adelaïde et lui furent inhumés dans l'Eglise de St-Hilaire dont le Cloître et l'Abbaye sont reliés par ces souvenirs historiques et par un intérêt archéologique des plus prenants à l'histoire de la Cité Féodale.

Son arrière petit-fils Roger de Trencavel mourut en 1209, nous verrons plus tard dans quelles circonstances.

J'en ai fini avec le récit chronologique des époques successives de la Cité ; mais ce récit et l'étude des divers appareils d'architecture militaire ne feraient pas comprendre à eux seuls la hautaine Citadelle, si on ne s'arrêtait à un tournant de son histoire pour la contempler, non seulement comme Ville de guerre, mais aussi comme Ville ayant par son esprit d'indépendance, ses aspirations vers le libéralisme, son intuition du libre examen et de la libre conscience, devancé ainsi l'évolution des siècles et causé elle-même, martyre trop oubliée, sa propre extermination.

Qu'était donc cette Cité de Carcassonne à l'aurore du XIII⁰ siècle, en juillet 1209 ?

Forteresse Wisigothe et Féodale, fièrement campée sur sa colline, elle sentait passer sur son front les souffles venus de son quadruple horizon : Vent des montagnes pyrénéennes aux neiges éternelles, Vent du Cers qui avait déjà courbé les ajoncs épineux de la montagne bleue, Vent qui avait effleuré dans sa course les coteaux et les plantes odorantes des Corbières, Vent salin qui de l'horizon méditerranéen apportait cette force de la mer dont la ligne azurée se perdait dans les raies argentées du soleil levant.

A l'est, le Mont Alaric, du nom du Roi Wisigoth qui prit Rome et pilla ses trésors pour être ensuite, dit la légende, inhumé dans le mausolée titanesque fait d'une montagne entière et où ses femmes et ses chevaux de guerre auraient été ensevelis avec lui.

Au nord, sur le profil des monts, les Châteaux dépendant de la Vicomté de Carcassonne et où les Sires de Saissac, de Cabaret, de Minerve et plus bas de Capendu se tenaient prêts à répondre à l'appel du Suzerain.

Au sud, le Razès, le pays de Limoux, les gorges mystérieuses d'où les Maures avaient si souvent jailli.

A l'ouest, Toulouse et sa Comté dont l'histoire est liée à celle de la Cité et dont les Comtes n'eurent pas l'énergie des Trencavel.

Et dans le recul des monts, au sud-ouest, les pics de l'Ariège, bauge de ces sangliers féodaux que furent les Comtes de Foix dont la rude bravoure recula cependant plus tard devant la Croisade religieuse, comme elle avait reculé déjà, d'ailleurs, onze ans auparavant, devant l'énergie du Sire de Saissac qui, pour défendre les droits de son pupille Roger de Trencavel, arriva à Alet avec quelques chevaliers, visières et lances baissées, arracha de son siège l'évêque que le Comte de Foix avait fait élire par le Chapitre, fit èxnumer l'Èvêque mort, le replaça de sa main de fer sur son siège épiscopal et devant ce cadavre qu'il couvrait de son épée, fit procéder à une nouvelle élection qui fit rentrer le diocèse et l'évêché sous la suzeraineté des Trencavel.

1209

COMPRISE dans l'Enceinte Wisigothe, renforcée du Château Comtal et resserrée sur elle-même, la Cité était la ville de guerre par excellence.

Comme nous l'avons vu elle avait pour défenses son enceinte, son Château Narbonnais, son Château Comtal, son mur féodal extérieur, son mur intérieur, ses Barbacanes, et au nord et au sud ses deux faubourgs fortifiés de St-Vincent et de St-Michel.

Les ressources en grains, denrées de toute nature, huiles, etc... étaient emmagasinées dans les caves et les silos.

En plus de l'espace compris entre le mur extérieur et l'enceinte, et de celui compris entre ce rempart et le mur intérieur, il n'y avait comme emplacement libre que la place de l'Eglise Romane. Cette place barrée au sud par la Basilique, bordée à l'ouest par l'Evêché et ses dépendances, à l'est par le Cimetière, au nord par une vieille maison à auvents et torchis ayant à sa gauche la ruelle conduisant à la Porte d'Aude et à sa droite la rue conduisant au Château, cette place, dis-je, était le centre de la vie intérieure de la ville ; c'était là que se jouaient les Mystères et où plaisirs et deuils passaient à leur heure.

Les maisons étaient de véritables petits fortins n'ayant qu'une seule ouverture très étroite, sorte de judas sur la rue, tout près de la porte pour se rendre compte avant d'ouvrir du danger qu'on pouvait courir et surtout pour voir la cause des tumultes qui se produisaient au dehors et des rumeurs qui montaient parfois des remparts.

Toutes les fenêtres donnaient sur les toutes petites cours intérieures où se concentrait la vie familiale.

Pas d'ornements aux portes à cintre brut. Ces ornements viendront plus tard, au XVe et au XVIe siècles; les maisons s'ouvriront alors, elles s'enjoliveront d'encadrements renaissance, les plafonds de bois seront agrémentés de peintures blanches, les couloirs recevront des pavages de petits galets en formes d'amandes, dessinant par leur agencement des feuillages et des plantes.

L'unité française créée, les guerres de religion terminées, la sécurité venue, les habitants voudront respirer l'air du dehors, recevoir la lumière du jour. Ils s'empareront de la rue avec le même empressement qu'ils avaient mis à s'en éloigner. et lorsqu'ils rentreront chez eux, ils voudront y trouver le confort, le luxe naissant d'une société organisée, sûre de ses lendemains et pouvant montrer son bien-être sans risquer d'attirer les convoitises, le pillage, l'insécurité.

La race des habitants procédait de toutes les races, de ce flux d'hommes d'origines si différentes, du nord et du sud, roux et bruns, qui avaient mêlé leur sang dans cette descendance issue de conquêtes successives où le rapt et les violences avaient frappé en médailles les types ancestraux, si bien qu'on voit encore des hommes aux cheveux très noirs et à la barbe aux reflets rougeâtres, des femmes brunes aux yeux bleus, et des femmes blondes aux yeux foncés.

Bien que la race Maure n'ait occupé la Cité que pendant quarante-six ans, elle a, dans ce court trait de temps, dominé les autres et le type brun est plus répandu dans notre région que le type blond. Les jeunes filles aux yeux de métal y sont plus nombreuses. Une famille existant encore dans la Ville Est, a eu dans ses dernières et contemporaines générations des femmes d'une telle beauté qu'elles indiquaient la pureté de leur origine et faisaient songer à quelque grand chef, leur lointain ascendant.

La vie de la Cité était active ; les gens de métier se livraient à leurs occupations ; les uns tissaient, derrière leurs petites fenêtres à carreaux menus enchâssés dans du plomb, la laine que dans leur cour les femmes avaient filé de leur quenouille ; les forgerons frappaient le fer qui allait servir aux chevaux de guerre, trempaient les piques, donnaient le fil aux épées ; les charpentiers équarissaient les hourdages ; les confréries des maîtres-maçons ou autres corps d'état étaient à leurs chantiers, chantiers de constructions religieuse ou de défense.

La vie agricole dans ces temps où la forteresse donnait seule la sécurité, se déroulait autour de celle-ci sous sa protection. Le blé était la culture fondamentale, mais on le semait avec la ténacité du semeur, sans trop savoir si on le récolterait.

Les femmes robustes et passives se livraient à leurs travaux intérieurs. Les vieilles gens racontaient les histoires de jadis et parlaient d'autrefois, car le temps a beau marcher, l'infini des siècles est comme l'infini de la voûte céleste. Aussi loin que remonte l'histoire elle n'a jamais retrouvé la limite du monde. Le passé est aussi insondable que les abîmes du ciel.

Les jeunes gens et les jeunes filles menaient la vie des jeunes.
Les chants, la danse, ont été de tous les temps. Chaque ville a eu
ses coutumes touchantes ou naïves, drôles ou bizarres, extraordinaire atavisme des âges primitifs où l'esprit tournait dans un
cercle étroit, où tout était étonnement, découverte ou miracle,
où l'homme n'était le jouet que des événements ou des choses dont
il était à la fois l'instrument le plus cruel et le plus naïf.

En ce juillet 1209 on sortait à la Cité des fêtes de mai où les
rameaux, les branchages, l'enguirlandement des portes jouaient
un si grand rôle, où quiconque n'avait pas sa branche verte était
pris sans vert ; culte du printemps, du renouveau de la nature qui
reverdissait. Le rameau a été la décoration primitive, le symbole
de la vie ; il a orné le chemin sous les pas des Souverains, des
Rédempteurs et des Prophètes ; chez les Gaulois il symbolisait
l'an neuf, et la recherche du gui sacré était comme un acte d'adoration de la sève éternelle rajeunissant la terre et la plaçant
au-dessus des humains que rien ne peut rajeunir.

On préparait les fêtes de St-Nazaire qui donnaient lieu à une
étrange procession dont l'usage s'est perpétué jusqu'à notre siècle
et qui consistait en ceci :

Le clergé, les nobles, les bourgeois, les manants, en fête et une
torche à la main cherchaient St-Nazaire la veille du jour qui lui
était consacré ; ils le cherchaient sur les remparts, sur les tours,
dans la ville ; les flammes des torches et des cierges éclairaient
de leurs reflets les ombres de la nuit et ce défilé fantastique de
silhouettes étranges en clair et en noir, de ces fidèles cherchant
un Saint qu'ils voulaient fêter et qui, par une sorte de réminiscence
païenne de Galathée fuyant dans les roseaux, se dérobait à leur
adoration.

Les enfants ramassaient déjà dans les ruisseaux et les herbes
l'aliment qui sert encore à fêter joyeusement St-Nazaire retrouvé,
l'escargot. Chaque année, dans chaque maison, on mangeait comme
on mange encore ces limaçons en telle quantité que leurs carapaces
dévalaient sous la poussée des pluies d'orage le long des pentes
de la Cité et venaient s'accumuler dans le faubourg. Il y eut au
sujet de ces carapaces de vraies batailles entre citadins et faubou-
riens.

Mais quel est ce bruit dans les rues de St-Nazaire, du Plô, de
St-Bernard et de St-Jean ? C'est un cortège bruyant où les lazzis
font rage, qui s'augmente et grossit derrière une malheureuse
femme juchée sur un âne, assise à rebours, et qui est promenée
dans le costume d'Eve en punition de l'adultère dont on l'accuse
et qu'une juridiction rigoureuse punissait en ces temps de cette
façon.

Les histoires d'amour étaient nombreuses à une époque où la
femme était prise comme une proie dans la bataille, ou divinisée
dans la paix. Sous le fer, sous les armures, sous les pourpoints de
buffle, sous la serge et la bure, les passions éternelles qui agitent
et agiteront toujours l'humanité emplissaient cette époque. Comme
aux temps préhistoriques de la guerre de Troie, l'amour et ses
drames amenèrent bien des chocs d'épées, et sur le parvis de la
Cathédrale quand sous le hennin passaient les haultes Dames, que
de romans noués d'un signe, d'un regard, et dénoués par les
masses d'armes.

Les FÊTES et les TROUBADOURS

LE Château avait ses fêtes se déroulant dans le luxe Byzantin et Maure qui, par le coloris des étoffes, animait et égayait les lourds et durs ameublements gothiques.

Il y avait les joutes, les tournois, les longues chevauchées de chasse.

Il y avait les Mystères, les Farces, les Moralités joués en plein vent devant l'Eglise.

Il y avait les jongleurs d'abord héroïques au XIme et au XIIme siècles, époques où ils suivaient les armées qu'ils excitaient au combat, puis, devenus bateleurs, saltimbanques, montreurs de bêtes, créateurs du proverbe « payer en monnaie de singe » car c'est d'une grimace de leurs bêtes qu'ils payaient les hôteliers.

Il y avait enfin les Troubadours.

La Féodalité eut pour charmer les ennuis des longues veilles, la vie souvent monotone et triste des grands Châteaux-Forts, le chant de ces oiseaux migrateurs et familiers que furent les troubadours au Sud, les Trouvères au Nord.

Dans notre Midi où la langue d'Oc fut la première assouplie au rythme et se prêta plus que toute autre à l'harmonie de la cadence, le Troubadour fut l'hôte fêté et trop souvent aimé des demeures seigneuriales. Cet adolescent doué d'une voix admirable, surtout dans cette région toulousaine où la voix humaine dans la souplesse des cordes vocales entretenue par l'humidité des impalpables brouillards, semble emprunter à l'atmosphère sa transparence et sa magie, cet adolescent, dis-je, frappait aux portes du Castel, avec pour fortune sa guzla sarrazine, pour attrait sa voix enchanteresse que guidaient son oreille et son instinct de la musique, s'enflammant lui-même à la beauté de son chant, devenant le compositeur, le chanteur et le poète, créant les paroles et la musique de ces chansons de Gestes, de ses Récits, de ses Sirventes et de ses Canzons dont, rossignol passager, il détaillait les modulations.

Le Troubadour était reçu, hébergé, fêté en toute saison ; on attendait son arrivée, on désirait son retour ; on l'aimait même sans le connaître ; il était le Prince Charmant vivant dans les rêves amoureux des châtelaines.

Témoin ce Geoffroy Rudel qui s'étant épris sans la connaître, et sur sa renommée de vertu et de beauté, d'une comtesse, passa les mers pour la rejoindre et mourut à ses pieds dès qu'il eut l'émotion de la voir. Sa flamme fut d'ailleurs si communicative et la dame sentit si bien, en voyant mourir à ses genoux cet oiseau qu'elle avait blessé, qu'il mourait pour elle d'un amour qui avait brisé son cœur, qu'elle entra le même jour dans un couvent.

Une légende, si touchante qu'elle peut être vraie, ne dit-elle pas, à la Cité, que dans la Tour des Prisons on entendait le soir, dans le murmure du vent, comme une plainte alanguie montant des profondeurs de cette tour, bruit insaisissable lorsqu'on cherchait à le préciser, très perceptible cependant dans sa sonorité ternie et affaiblie.

Un troubadour, à peine adolescent, d'une beauté de femme, était venu dit-on, dans la ville Féodale et là, devant le Seigneur et sa Cour, il avait modulé ses chants d'une voix si caressante et si mélodieuse, que la dame d'un haut Chevalier avait eu pour lui cet élan qu'on appelait alors folie d'amour. Le mystère avait enveloppé d'abord les rendez-vous qu'ils se donnaient dans les méandres des poternes du Château, mais un jour une servante jalouse surprit le secret de la dame et du damoiseau, avertit le mari, et pendant qu'ils étaient là, bercés par leur douce et réciproque parole, éperdus, inconscients de l'heure et du danger, ils furent saisis, jetés, la dame dans une cellule de repentir, le troubadour dans les profondeurs de la tour où on le laissa mourir de froid, de faim et de langueur, mais où, soutenu par la pensée de celle qu'il ne reverrait plus, il mit longtemps à mourir. Le chant qu'il modulait dans sa détresse, en souvenir de la dame alla s'affaiblissant et cessa à l'heure même où celle-ci fut étranglée dans son cachot par une main brutale.

Depuis, l'on crut entendre par certains soirs la plainte du pauvre chanteur et cette croyance se fortifia de ce fait qu'une colombe voleta à certaines heures auprès de la tour maudite, âme de la morte, disait-on, jusqu'au jour où la flèche d'un arbalétrier l'arrêta dans son vol caressant.

La Féodalité fonda la religion de la femme ; mais les représailles de l'amour trompé furent terribles et la jalousie atteignit des cruautés infinies. Le rival était souvent pendu par les pieds ; c'était l'époque où la dame de Coucy était contrainte de dévorer le cœur du troubadour Capétant son ami.

Les troubadours ont été les
grands ancêtres de ces chanteurs
ambulants, pauvres déshérités de
la gloire musicale que le raffine-
ment des distractions relègue au
rang des parasites et qui vont disparaître, mais qui, il n'y a pas un
demi-siècle apportaient, par
époques, la chanson nouvelle,
chanteurs non plus des palais mais
des cours et des rues.

Èt aussi de ces orgues de Barbarie, joie de ma jeunesse, qui marquaient le printemps comme les hirondelles et venaient plus nombreux à mesure que la chaleur devenait plus forte et réchauffait davantage ces cigales passagères.

Venus les uns et les autres, chanteurs et orgues, d'un point de l'horizon, poussés par un besoin de migration musicale pour obéir à la loi atavique qui domine les races et les individus.

Plus tard, dans les heures sombres qui suivirent les massacres du Midi et la guerre des Albigeois, la langue d'Oc n'eut plus ses harmonieux chanteurs qui désertèrent ce pays où les châteaux étaient en ruines, dévastés, démolis, où les villes étaient des sépulcres voués au silence et à la désolation.

Les seuls visiteurs furent les pélerins revenant des Croisades ou présumés tels, et mettant sur leurs robes de bure des coquillages pour montrer qu'ils avaient réellement passé les mers.

Les troubadours furent remplacés par les revenants du Saint-Sépulcre qui par leurs sombres récits, plus adaptés à la tristesse des temps, disaient l'histoire de ces marées humaines qui allaient, après l'incitation des prêches, se désagréger et finir sur la grève des pays infidèles.

LE SUZERAIN

L A sécurité de la Cité en 1209 était assurée par les hommes d'armes au nombre de plus de deux mille, qui de nuit et de jour faisaient des patrouilles, veillaient dans les tours, se renvoyaient les mots d'ordre, foulaient de leurs pas sonores les coins et recoins de la forteresse.

Cette ville de Carcassonne ne vivait pas seulement de la vie matérielle et militaire ; elle vivait comme les Comtés d'Albi, de Béziers, du Razès, dépendant du même jeune Suzerain, Roger de Trencavel, d'une vie morale, si je puis m'exprimer ainsi, que nul autre Comté de la Féodalité n'eut jamais ; vie particulière, étrange, qui fit d'elle une Cité à part entre toutes, une initiatrice, une annonciatrice des temps futurs qui devaient mettre des siècles à réaliser, si tant est qu'ils l'aient réalisé, l'idéal qu'elle entrevit.

Dans ce moyen-âge soumis au dogme, la Cité était un lieu d'asile pour tout ce qui s'affranchissait de l'autorité papale ; elle ne chassait aucune confession, elle les protégeait toutes ; elle secourait un homme non pas parce qu'il était croyant ou incroyant, mais parce qu'il était un homme.

Aucun routier n'infestait la Vicomté parce qu'ils la considéraient comme le suprême refuge.

Les libres bourgeois, les serfs y avaient sans doute des impôts à payer, les leudes, les péages, les toltes et les albergues, mais en revanche ils y étaient protégés contre les exactions des Evêques. La bourgeoisie était traitée sur le même pied que la noblesse. Les serfs acquerraient privilège d'hommes libres et bourgeois en se conformant aux redevances dues par ceux-ci pour le service militaire et l'entretien des murailles.

Quiconque, pouvait devenir chevalier à la suite d'une action d'éclat.

Quoique bonne chrétienne, quoique prosternée aux pieds des autels en fidèle des fêtes et des prescriptions religieuses, la Cité ne tolérait l'oppression de personne par les bulles du Pape. Si son voisin le Comte Raymond de Toulouse avait secondé les tendances du Vicomte de Carcassonne, l'esprit de tolérance aurait vaincu et empêché, fût-ce par la force, la guerre religieuse qui eut pour but d'extirper l'hérésie, de satisfaire les ambitions des Croisés, du haut Clergé, cachant comme l'abbé de Maguelonne sous un excès de zèle catholique le désir de supplanter les Seigneurs.

La Cité devait ses tendances, sa conception de la société, du droit de vivre, de la tolérance et de l'humanité à celui qu'on ne saurait jamais trop, lorsqu'il s'agit d'elle, faire revivre et immortaliser.

Raymond Roger de Trencavel, hautaine et séduisante figure de la chevalerie, radieux de jeunesse et aussi de virile beauté, d'une force dont l'histoire et la légende ont enregistré les exploits, d'un

Chap. LES TROUBADOURS

courage dépassant tout celui que sa caste avait dépensé jusqu'alors dans les combats.

Dans son passage rapide, à la façon des éclairs, il devança son époque. Non pas qu'il fut autre que ceux de son rang dans la brutalité guerrière du temps, dans sa vigueur et l'ardeur de sa sève dominatrice, mais son cœur tout différent des cœurs mé-tallisés d'alors qui semblaient ne faire qu'un avec l'acier de l'armure, était généreux et susceptible des plus grands élans de justice et d'humanité.

En ces moments où la domination de l'Eglise était telle que le plus haut crime était celui commis contre les vases sacrés de l'autel, contre le dogme, contre le Prêtre, la Basilique ou le Légat, il laissa dans une tolérance qui dépasse les conceptions d'alors et q ui causa, d'ailleurs, sa chute et sa mort, tous les apostats, les faidits, les parfaits, les relaps, les schismatiques et les Mani-chéens chercher asile derrière les remparts de ses villes.

Quiconque se plaçait sous sa protection était couvert et défendu par sa fulgurante épée.

Aucune puissance, pas même celle du pape Innocent III et de ses légats, véritables fléaux, ne put et n'osa de longtemps attaquer, et ne força que par trahison le lieu d'asile qu'il offrait à tous les proscrits.

Quelle que fut la force du poursuivant, Roger se dressait entre lui et le poursuivi et protégeait ce dernier, fut-il marqué de la réprobation, voué au gibet ou à la torture.

A travers ce chaos du Moyen-Age il apparaît comme le défenseur du faible et le tenant de l'humanité.

L'humanité : Il la poussa jusqu'à l'abnégation de lui-même,

et l'histoire a retenu cette scène où après douze heures de combat, épuisé de carnage et de fatigue, l'eau commençant à manquer, il donna une tasse de cette eau à chaque habitant, ne réservant rien pour lui-même. Le dévouement d'une vieille serve laissant à sa portée, sans qu'il s'en aperçut, dans une écuelle ébréchée, la ration d'eau qu'elle avait reçue, lui permit seule d'étancher sa soif.

Son état d'esprit particulier s'imprima dans le cerveau et dans le cœur de ses vassaux, de ses quatre Comtés, des Seigneuries du Cabardès, de Minerve, de Saissac, de Capendu, qui lui étaient soumises.

Roger de Trencavel comprit la liberté de penser. Il n'attaquait pas l'Eglise dans sa foi, dans ses dogmes et dans ses rites, mais il fit reculer son esprit d'oppression.

Et quelle fierté, quelle abnégation, quel courage, dans la façon dont il défendit à une époque où personne ne la concevait, la tolérance.

A Montpellier, lorsqu'on l'appellera devant l'assemblée des Chevaliers Croisés contre lui, présidée par le Légat, pour l'inviter à chasser l'hérétique de ses villes et à le livrer, n'aura-t-il pas, en réponse à la sommation qu'on lui adresse, cet admirable cri : « J'offre une ville, un toit, un abri, un pain et mon épée à tous les proscrits qui erreront bientôt dans la Provence, sans ville, ni toit, ni asile, ni pain ?

Lorsque son évêque Béranger l'exhortera à livrer ces mêmes hérétiques réfugiés à la Cité, il répondra qu'il aimerait mieux être écorché vif ; enfin lorsque pressé par les Croisés assiégeants on lui offrira la liberté et la vie, ainsi que celle de douze de ses cheva-

liers, il repoussera cette proposition avec dédain et en fera juge
la population qu'en échange il devait livrer.

Et lorsqu'il succombera, comme nous allons le voir, à cause de
son cœur généreux et de son esprit affranchi des passions religieuses du temps, succomberont avec lui pour des siècles l'aspira-
tion vers la libre conscience, la fierté de penser et d'agir, et ces
Provinces où sous sa Suzeraineté et par sa volonté, l'idée avait
marché, où le sentiment le plus humain qui soit au cœur de
l'homme, celui de la Liberté, avait pris naissance, si bien que
depuis son apparition elles étaient appelées « la terre de la liberté ».

En ce juillet 1209 Roger de Trencavel était le plus fier chevalier
de la Provence, le plus aimé de ses vassaux par ses sentiments,
le maître des cœurs par sa beauté physique, si bien que par
jalousie et par haine, Etiennette, la Louve de Pennautier, prépa-
rera sa chute.

La douce Vicomtesse Agnès, sa femme, de hautes Dames, des
Bourgeoises, jusqu'à une esclave maure, se dévoueront, au
contraire, jusqu'à s'immoler elles-mêmes, pour tenter de le sauver.
Mais l'orage s'amoncelait à l'horizon. Sur cette Cité affranchie,
sur ce Suzerain adolescent et formidable planait un immense péril.

Comme je viens de le dire c'est sur cette plate-forme de la Cité
que prit pied à cette époque, où la folie religieuse emportait les
chevaliers à prendre la Croix contre quiconque était infidèle,
l'esprit de tolérance et d'humanité.

Mais ces tendances, cette compréhension de la liberté des autres,
cette grandeur de vue du Suzerain de la Cité était pour Rome
où trônait alors dans sa toute-puissance le Pape Innocent III, un
crime plus grand que l'hérésie elle-même, et c'est alors que dans
l'esprit de ce Pape, dans celui de ses terribles Légats, moines de
l'ordre de Citeaux qui exacerbèrent sa colère, surgit l'idée d'extermination de ces populations hospitalières aux proscrits, de ces
villes qui protégeaient ces derniers de leurs murailles, de cet audacieux et indomptable Vicomte qui les couvrait de son épée.

L'indépendance pour elles et les autres était si bien l'état mental
de ces populations, qu'elles la manifestaient de la façon la plus
hardie et la plus dangereuse. Les troubadours eux-mêmes ne se
contentaient plus du gai-savoir et des rimes d'amour ; ils atta-
quaient Rome, chansonnaient les vices des Abbés, aimant, disaient-
ils, « le vin rouge et les femmes blanches » ; ils comparaient
la somptuosité épiscopale à la religion fondée par un prédicant
sans chaussures et par les apôtres misérables pêcheurs.

Béziers, Carcassonne, étaient le refuge des hérétiques. Raymond
VI, Comte de Toulouse « touto doulouso » disaient les papistes,
se montraient bon aux Manichéens.

L'Eglise orthodoxe sentait la révolte sourdre contre sa puissance
et grandir dans le Languedoc alors dénommé la Provence. Pendant
dix ans Innocent III amoncela l'orage qui allait s'abattre sur le Midi.
sur ces provinces qui avaient préparé la Renaissance occidentale.

Ces fières Cités, cette société où haute bourgeoisie valait noblesse, ces terres fertilisées par le climat, riches par le sol et par le soleil, tout allait s'écrouler dans le sang. Quelle victoire de Rome et à quel prix !

En 1198 deux Cisterciens sont envoyés pour évangéliser la Provence avec pouvoir d'excommunier, de délier des règles d'obéissance, de révolter le pays contre ses Suzerains. Vains efforts !

En 1203, les deux légats Pierre de Castelnau et Raoul, Cisterciens, reçurent mission, avec pouvoirs extraordinaires allant jusqu'à leur permettre de suspendre les Evêques de zèle trop tiède, de parcourir les pays moralement rebelles à la Papauté, et le Pape leur adjoignit Armand Amaury également Cistercien, que l'histoire a flétri du nom de « fléau de Dieu ». Sa cruauté, sa dureté mises au service de sa mission lui ont valu plus que ce qualificatif. Il y a des stigmates qui ont traversé les siècles et qui chargés de flétrir certains hommes et certains actes ne s'effacent jamais. Dans les montagnes les plus reculées lorsqu'un paysan veut dire que son bétail n'a pas répondu à son attente, il dit que son troupeau a « ragusé » en souvenir de la trahison du maréchal Marmont, Duc de Raguse, en 1814, à Essonne. De même lorsqu'on parle d'un homme véritablement brute, ne cédant à aucun sentiment, borné dans ses idées et féroce dans ses réalisations, le peuple dit « c'est un Amaury ».

Les trois missionnaires s'en retournaient découragés, désespérant de dompter la Provence, lorsqu'ils rencontrèrent deux moines Espagnols Diégo et Dominique qui, portant en eux le germe cruel de l'Inquisition qu'ils allaient enfanter, remontèrent leur ardeur et les amenèrent à recommencer leurs prêches menaçants.

La fureur de ces prédicants eut un aliment dans le meurtre de Pierre de Castelnau qui fut poignardé par ordre de Raymond, Comte de Toulouse, dans la barque à l'aide de laquelle il traversait le Rhône.

La colère de Rome ne connut plus de bornes. Anathème fut lancé contre le Comte de Toulouse et contre tous ceux qui ne chasseraient pas les hérétiques. Des milliers de moines furent lancés dans l'Est, le Nord, le Centre, pour prêcher la Croisade non plus contre les lointains infidèles, mais contre les habitants de ces riches provinces du Midi baignées de lumière.

Ces nouveaux Croisés qui allaient porter la Croix Rouge non plus sur l'épaule comme les chevaliers allant en Palestine, mais sur la poitrine, devaient avoir leurs péchés remis, être dispensés de payer leurs dettes, de plus, le pillage de la terre d'Oc leur était promis. La campagne devait durer quarante jours.

Pendant cette mobilisation les deux Suzerains visés, Raymond, Comte de Toulouse, et Roger de Trencavel, furent appelés devant un Concile à Amboise ; ils y comparurent, mais le Concile les renvoya au Pape, Raymond se soumit, Roger se refusa à se soumettre davantage. La faiblesse de Raymond les perdit l'un et l'autre.

Trois armées formèrent la Croisade ; après avoir descendu le Rhône, elles foulèrent en juin 1209 le sol de la Septimanie.

A Montpellier, ville vassale du roi d'Aragon, Roger de Trencavel voulant tout tenter pour détourner de sa Vicomté le massacre et la guerre, osa paraître seul devant les Chevaliers, les Evêques et les Légats assemblés pour sa perte.

Par la bouche d'Amaury il fut édifié sur l'esprit de haine qui

animait tous ces hommes et comprit qu'il n'avait qu'à se dérober
à leur colère et qu'à se préparer au combat et au siège de ses
villes. Après la fière réponse qu'il leur fit et que j'ai relatée, il vint
d'une traite, après avoir jeté en passant le cri d'alarme à sa ville de
Béziers, s'enfermer dans sa bonne ville de Carcassonne qu'il était
prêt à défendre jusqu'à son dernier soufle et jusqu'à l'extermination
complète de ses hommes d'armes et de ses vassaux.

Sitôt de retour dans la Cité le Vicomte Roger sombre, préoccupé,
assembla ses vassaux, nobles, bourgeois et manants et leur fit
part de la nécessité inéluctable de combattre, à moins de livrer les
proscrits, les hérétiques. Tous jurèrent de s'ensevelir sous les
ruines de la ville plutôt que de commettre cet acte d'inhumanité.
Extraordinaire courage et inconcevable héroïsme dans ces temps
si peu faits pour les comprendre.

Les nouvelles impressionnantes se succédaient ; on apprenait
que cent mille Croisés ayant à leur tête l'Abbé des Abbés Amaury,
étaient en marche pour purger la douce terre d'Oc de l'hérésie ;
que le Comte Raymond de Toulouse avait fait sa soumission ;
que la guerre serait impitoyable ; mais ces rumeurs n'altéraient
en rien les fermes résolutions prises.

On comptait sur la résistance de Béziers ; sur celle de la Cité,
sur la bravoure surhumaine du Vicomte Roger, sur la vaillance
des Capitaines et des hommes d'armes, sur les défenses de la Ville.

Ces défenses comme je l'ai dit plus haut, comprenaient l'enceinte
Wisigothe, les Barbacanes, le mur Féodal extérieur; le mur inté-
rieur, les deux faubourgs de St-Vincent et de St-Michel et le
Château Comtal dont il va être parlé.

L'armée des Croisés avait comme chef militaire l'exécuteur des

ordres du Légat Amaury, Simon de Montfort, chevalier de très
haute stature, haut d'épaules, d'une force peu commune, lèvres
minces, nez d'aigle, bonne lance entre les bonnes, vrai soldat de
bataille qu'aucun sentiment ne mollissait, boucher et bourreau
dont la cruauté instinctive et la féroce brutalité s'allumèrent au
feu de l'ambition et des intérêts. A travers les services à rendre
à la Papauté il entrevit les titres qu'on fit miroiter à ses yeux
et qu'on lui octroya du reste.

Au cours de la guerre sainte déchaînée par les Légats et conduite
par lui, Simon de Montfort fut tué en 1209 au siège de Toulouse
par la décharge d'un mangonneau dont une femme, sans viser et
par hasard, fit jouer le déclic.

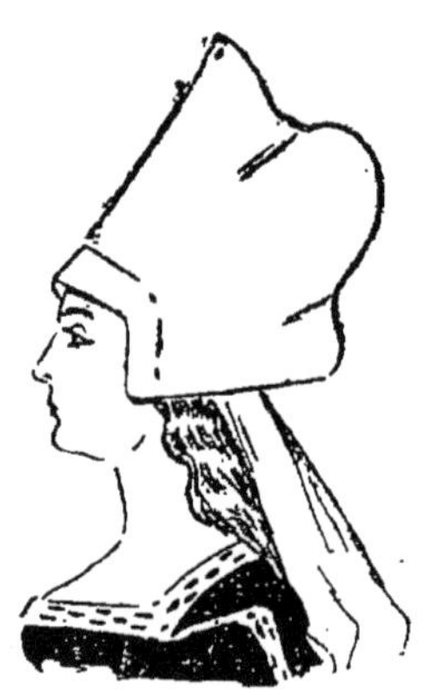

LE CHATEAU

LES défenses s'étaient augmentées sous Robert-le-Vieux, aux Xe et XIe siècles, du Château Comtal, c'est-à-dire de cette construction formidable qui est comme la boucle de la ceinture de guerre entourant les flancs de la Cité.

Ce Château aux sept Tours féodales était accolé sur son front ouest à la Tour de la Chapelle et à la Tour Pinte (31) déjà existantes ; il avait ses défenses extérieures augmentées et réparées plus tard, sa barbacane placée au couchant.

Devant son front est un fossé destiné à arrêter et à briser l'élan des assauts et surtout des machines de guerre ; pont très long sur ce fossé, pont-levis devant la porte, un tablier mobile sur le surplus des piles, deux portes successives, deux herses et un mâchicoulis défendant ces portes.

On pénétrait dans la grande cour bordée sur trois de ses faces par les dépendances, et sur sa face sud par le donjon de l'habitation seigneuriale ; derrière sur la façade sud de cette résidence, une autre grande cour où on voit les restes des piliers qui devaient supporter le plancher d'une salle immense dont on voit encore la cheminée.

Le Château avait ses puits, son moulin, ses communications intérieures très compliquées et agencées uniquement pour la défense ; ses deux poternes du nord chacune en contre-haut du sol, nécessitant pour aller de l'une à l'autre, pour sortir et pour rentrer, un jeu d'échelles.

C'était une citadelle dans la citadelle, plus forte que la ville elle-même. A l'aspect de cet ensemble on sent encore aujourd'hui que c'était le dernier retranchement, le « castellum », le lieu sacré et inviolable que la victoire ne pouvait forcer qu'après d'incalculables efforts.

La porte s'ouvrant à l'est sur le fossé et le pont, seule grande entrée du Château, donne accès dans la cour d'honneur par un passage voûté dont le dessus met en communication les deux magnifiques tours qui gardent et protègent cette entrée.

Alors que les salles d'en bas ne sont éclairées que par les meur-trières, celles d'en haut prennent jour sur la cour par une fenêtre romane à double cintre.

Le Château Comtal comme les simples maisons de la Cité à cette époque, ne s'éclairait qu'à l'intérieur et par les cours ; à l'extérieur il n'avait lui aussi que des jours de garde.

Ainsi les deux tours jumelles qui commandent la porte, n'ont chacune sur leurs flancs, près de leur sommet, qu'un petit trou carré percé dans l'épaisseur énorme de leur muraille et donnant vue à l'est, sur le dehors.

Mais ces deux petites ouvertures sont à l'examen, très intéres-santes et donnent même à la réflexion une sensation très particulière.

Par ces deux trous, yeux ouverts sur l'extérieur, mais si petits qu'on les croirait entre des paupières mi-closes, des hommes anxieux ont regardé, sont venus aux heures terribles, voir les progrès de l'attaque, se rendre compte de la résistance de la ville, ont cherché à deviner dans les rumeurs croissantes, s'éloignant ou se rapprochant, si la bataille refluait vers le Château.

Après la prise des faubourgs, lorsque le combat se répandait dans la ville, lorsque l'incendie s'allumait au sommet des hourds, quel va-et-vient ce devait être de soldats, de Capitaines encadrant à tour de rôle leur mâle figure dans ces ouvertures, cherchant à pénétrer de cet observatoire les secrets de l'assaillant, s'y inspirant des besoins de la défense ; allées et venues, montées et descentes vers ces lucarnes auprès desquelles se tenait, comme à un banc de quart lorsque le navire est en péril, le chef de qui dépendait le salut du Château.

Chaque étage de la tour communique par une trappe avec l'étage inférieur, et ces trappes sont ouvertes au pied même des trous d'aspect dont je viens de parler ; elles n'étaient que les porte-voix destinés à faire résonner les commandements dans les salles de dessous où se tenaient à la fois le commandant de la manœuvre de la herse et le poste d'hommes réunis, dans le demi-jour donné par les meurtrières, pour faire cette manœuvre ou défendre la porte attaquée.

Les salles du Château étaient octogones avec piliers à arêtes tranchantes surmontés d'un chapiteau d'où partait le cintre.

Les murs du Château avaient neuf pieds d'épaisseur.

L'ameublement consistait dans un mélange de luxe d'Orient et de lourd style gothique et de meubles en métal, restes de l'occupation romaine.

Le Château c'était le roc inaccessible dressé au-dessus du tumulte et que d'ailleurs la force ne prit jamais.

C'est du Château que venaient les secours, les renforts ; c'est de lui, durant l'horrible lutte qui va s'ouvrir, que viendront aussi le réconfort, l'énergie et la résistance du commandement. Mais quelle tristesse le jour où la trahison et la forfaiture feront tomber cette Citadelle inviolée entre les mains de Simon de Montfort, et où elle devra ouvrir ses portes au vainqueur, alors qu'à la même heure, par la poterne, porte basse et dérobée, celui qui aura été l'âme de la défense, celui dont le fanion flottait la veille encore triomphant sur la plus haute tour, sera jeté dans une des salles étroites de ce donjon pour y subir trois mois de captivité durant lesquels aucune souffrance ne lui sera épargnée jusqu'à sa délivrance par le poison.

Mais je reprends le récit des événements.

Dans la cour du Château était un orme « l'ourme dal castel », comme dans chaque château-fort, sous lequel le Suzerain, abrité par son ombre, rendait la justice à ses vassaux, recevait leurs suppliques et leurs doléances, leurs hommages et leurs serments, car, à de rares exceptions, le manant, le roturier n'entraient jamais dans le Château, et étaient reçus par le châtelain en dehors de la forteresse et dans la cour.

Ils y entrèrent, ces manants, lors de la Jacquerie, le coutelas et la torche au poing, ivres de sang et de fureur, grisés par le ruissellement des merveilles d'orfèvrerie et d'ameublements qu'ils voyaient pour la première fois et que dans leur rage exaspérée ils brisèrent et détruisirent.

Le seigneur, lors des réunions, se plaçait sous l'orme que ses aïeux avaient planté, blason vivant de sa dynastie par les racines et par les rameaux. L'habitude était de planter des arbres commémoratifs de la puissance à chaque avènement des Seigneurs féodaux, des Rois, sans compter ceux que l'on plantait dans les terres privées à chaque avènement heureux ou malheureux, mariage ou décès, survenu dans les familles. Cette habitude était si ancienne, si symbolique, que le peuple, de nos jours, ne comprit pas la République sans arbre de la Liberté.

On dirait que l'arbre a éternellement symbolisé, aux yeux des hommes, la domination du sol et l'enracinement de la puissance à laquelle ils se sont soumis et ont donné leur foi.

C'est sous l'orme du Château que le Vicomte Roger dit à tout son peuple sa comparution devant l'assemblée tenue à Montpellier, l'alternative où on l'avait placé de livrer les réfugiés de la Cité, proscrits et hérétiques aux bras séculier, ou de combattre, ajoutant que l'évêque de la Cité, Béranger, demandait aussi la remise des hérétiques et prenait parti pour la Croisade.

C'est alors que les vassaux répondirent qu'ils aimeraient mieux, plutôt que de livrer les hérétiques, dévorer leurs propres enfants, demandèrent à grands cris que l'Evêque fût chassé hors des remparts, dans un élan d'indépendance et d'énergie qui fit battre tous les cœurs, tous les courages à l'unisson, comme frisonnaient toutes ensemble, dans le vent, les feuilles de l'arbre séculaire témoin majestueux des mâles vertus d'un Suzerain et de son Peuple.

SOUTERRAINS

L'EAU ne manquait pas à la Cité ou du moins paraissait ne pas manquer. Il y avait le grand puits, le puits du Plô, le puits du jardin de l'Évêché qui existe encore sur la terrasse de l'Hôtel actuel de la Cité. Il y avait les puits du Château, les citernes des tours, les puits des maisons particulières, mais qui pouvait prévoir que la longueur d'un siège ne donnerait pas à la sécheresse de l'été le temps de tarir toutes ces eaux ?

La question des souterrains aurait dû passionner davantage les Archéologues. Leur tendance est d'affirmer qu'il n'y a pas eu de souterrains à la Cité; et cependant, si on se reporte aux habitudes de défense de ces époques, où isolées, placées comme des vaisseaux à l'ancre, sur les collines, les forteresses n'avaient à attendre aucun merci du vainqueur, aucun secours du dehors, devaient être réduites par la famine ou la soif, comment ne pas croire aux précautions prises pour assurer hors la vue de l'assiégeant, le ravitaillement ?

Ces galeries cachées aux yeux, dont les ouvertures étaient inconnues ou dissimulées, dont le secret était le plus souvent gardé par l'inflexible loi de la sûreté personnelle, qui faisait souvent mourir

de mort violente les ouvriers qui avaient travaillé à les creuser,
étaient l'ultime ressource des villes, châteaux et forteresses
assiégés.

Par elles, cheminant sous terre et débouchant en rase campagne
ou près d'un autre château-fort, on pouvait aller chercher du
secours, introduire des approvisionnements, amener l'eau des
rivières ou des torrents. Par elles aussi, lorsque tout était perdu,
lorsque la forteresse était prise d'assaut, lorsque les maisons étaient
en flammes et les défenses forcées, les survivants gagnaient le
dehors, fuyaient, échappaient pour un instant du moins, parfois
pour toujours, au massacre, au viol et à la torture.

A la Cité, l'eau était une des préoccupations de la défense. Tant
que la soif des habitants, des hommes d'armes, pouvait être
étanchée, on était sûr de la résistance.

Les puits que j'ai énumérés étaient alimentés par une nappe
venant du Pech voisin, mais étaient-ils toujours alimentés, et la
sécheresse de certains étés ne pouvait-elle pas les tarir ? Des
octogénaires habitant la Cité disent avoir vu l'eau manquer à
certaines époques de leur longue existence, est ce qu'il ne dut
pas en être ainsi à certaines dates, tout au long des siècles ?

Et alors se figure-t-on les souffrances d'une ville dont les
habitants et les soldats se battaient jour et nuit, et qui, couverts
de sueur, accablés de fatigue, la gorge desséchée par les cris
furieux poussés dans les combats, ne pouvaient ni se désaltérer,
ni rafraîchir leurs visages enflammés, ni laver leurs blessures, ni
éteindre les incendies, ni donner à boire aux malheureux mortellement atteints réclamant ce suprême viatique, l'eau, dont on
mouille les lèvres des agonisants ? Sans compter le bétail destiné

à l'alimentation, les animaux domestiques, les chevaux de guerre
mourant aussi de soif. Si cet état de disette se prolongeait, la
résistance, elle, ne pouvait se prolonger, et une goutte d'eau valait
plus pour cette résistance qu'une goutte de sang.

Comment admettre que la Cité de Carcassonne si bien défendue,
si protégée par son enceinte et ses tours, ait pu courir cet effroyable
danger, alors qu'à ses pieds, baignant en quelque sorte ses fondements, elle voyait scintiller dans sa course rapide le fleuve qui
coulait alors à l'endroit actuel où est le faubourg de la Barbacane
et qui n'a été détourné de sa pente vers ce faubourg que par les
barrages en amont. L'Eglise St-Gimer a été bâtie sur pilotis,
l'insolidité de son sol indiquant l'endroit même où la rivière avait
passé.

Atteindre l'Aude, s'y abreuver, y dérober hors la vue de l'ennemi
l'eau si désirée, dut être la grande préoccupation de ceux qui
construisirent en vue de la grande guerre et des longs sièges la
forteresse initiale.

D'ailleurs toutes les générations se sont transmis l'affirmation
qu'il y avait un souterrain, mais cette croyance est allée se divisant,
se contredisant, est devenue confuse dans les récits et les précisions.

Quelques-uns, beaucoup même, répètent que le souterrain partait
du grand puits, chose impossible, car l'eau aurait envahi la galerie ;
mais ce grand puits qui est au fond de la rue qui vient de la place
du Château en allant vers la gauche, puits imposant par son
diamètre, impressionnant par sa profondeur, devait parler à
l'imagination, enfanter bien des suppositions, être empli de bien
des mystères. Ne disait-on pas que là avait été enfoui le trésor

Chap. MEURTRIÈRES & HOURDS

des Wisigoths, le fameux chandelier d'or à sept branches pris par les Romains lors du siège de Jérusalem et pillé par Alaric lors de de la prise de Rome, et, liant un autre récit à cette croyance, ne disait-on pas aussi que la nuit des monstres ailés, Dragons ou Chimères, gardiens de ce trésor, sortaient des profondeurs du puits, battaient l'air au-dessus de son orifice, de leur ailes de ténèbres, par les soirs de tempête ou de profonde obscurité, et s'évanouissaient ensuite dans la nuit ?

Le souterrain de la Cité ne partait pas du grand puits ; mais j'ai coordonné, lié ensemble divers récits faits par de très vieilles gens et qui racontent que leurs ascendants tenaient de leurs vieux arrière-parents, que le souterrain partait de l'Eglise. L'une d'elles fut plus explicite et me dit, qu'avant la construction de l'Eglise actuelle de St-Gimer, elle s'était amusée tout enfant à courir dans un souterrain qui avait son orifice à cet endroit, s'étendait ensuite, devenait assez large pour laisser passer une charrette, et qu'elle avait parcouru, sur une longueur d'une centaine de toises, avec d'autres enfants de son âge, ce conduit qu'ils durent abandonner à cause des éboulements et des ronces qui en interdisaient le complet parcours.

Voici ce que je crois, et ma supposition en vaut une autre pour la raison que l'existence d'un souterrain s'imposait et parce que cette raison s'éclaire de la flamme vacillante mais réelle du récit d'un vieillard :

S'il y eut un souterrain, et il y en eut un, il ne pouvait partir que du Château, ce réduit suprême où seuls vivaient le Seigneur et ses Chevaliers, où aucune indiscrétion ne pouvait surprendre et révéler un secret qui était le dernier moyen de la résistance.

Il est à présumer que ce souterrain formé d'abord par un puits vertical dont on atteignait le fond par un escalier tournant, prenait ensuite direction en pente douce vers la rivière qui était au pied de la barbacane du Château, et c'est ce qui expliquerait le tronçon de galerie qui partait de l'endroit même où est l'Eglise de St-Gimer et allait vers le fleuve. On croyait même que la galerie souterraine franchissait le lit du fleuve et se dirigeait vers Lastours.

Sur les confins du Lot-et-Garonne et de la Gironde, dans le Château de Duras, un souterrain creusé comme je l'indique pour celui de la Cité, dans une des tours du Château, descend verticalement puis s'incline vers la rivière le Dropt et se poursuit pendant 2 kilomètres pour atteindre l'eau de cette rivière.

A la Cité, l'eau une fois la profondeur atteinte, était à portée de la main. Comment croire que cet immense avantage n'était pas utilisé pour le salut de la forteresse ?

LE SIÈGE

(1209)

L E dénouement approchait.

Par cette nuit chaude et transparente, nuit lourde d'étoiles du 31 Juillet 1209, la Cité dormait, enveloppée dans la molle atmosphère de l'été faite d'ombre et de lumière par le jeu des rayons d'argent de la lune glissant à travers les meurtrières, les créneaux et toutes les découpures des remparts.

Dans les tours, à leur poste de guetteurs, des sentinelles veillaient, se renvoyant le cri d'appel à mesure qu'une ronde allait vers elles. Les hallebardes, les piques sonnaient sur les dalles ; le bruit métallique des cuirasses et des éperons se faisait entendre, le pas des hommes d'armes résonnait sur le pavé.

La ville, où avait sonné depuis longtemps le couvre-feu et où tout était silence et obscurité, sauf à l'endroit où un faible lumignon allumé dans la niche d'une Madone traçait une raie de pâle et vacillante clarté, était muette et morte.

La Cité tout entière dormait d'un sommeil de bétail parqué, sous la garde des archers, des veilleurs de nuit et du guet ; dans l'attente de chaque événement marquant sa vie de serve, fête religieuse, fête des seigneurs, fête du populaire; combats, assauts et massacres dans cette vie de souffrance passive qui a marqué le Moyen-Age et qui, deux siècles après l'an mille, était encore la vie de tous ces peuples qui n'existaient que sous la protection du Seigneur et n'étaient que la chair à famine, à oubliettes, à viol et à pillage.

Mais ici, dans cette Cité heureuse sous son Suzerain, on allait être exterminé parce qu'on était en avant de son époque, parce qu'un souffle d'humanité, de liberté et d'indépendance gonflait par un anachronique miracle le cœur du Suzerain et le cœur des vassaux.

Tout d'un coup un feu comme au temps des Gaulois brille au Nord, vers les hauts contreforts de Minerve, un autre s'allume et puis d'autres. Qu'est-ce donc ? Les guetteurs s'alarment car cette clarté n'est pas un incendie de forêts, c'est la flamme annonciatrice des mauvais jours.

Les légats, Amaury et Dominique, ont levé la Croix sous la forme cruellement symbolique de l'épée exterminatrice de Simon de Montfort.

L'armée des Croisés ayant à leur tête les terribles Cisterciens couvre le pays de ses flots.

La Cité a vécu ses jours d'indépendance, l'heure des combats va sonner.

Avant le jour tout est en rumeur. Ce matin du 1er Août 1209 la Ville va ceindre son armure et arborer à la plus haute tour du Château le fanion du Vicomte Roger qui s'était enfermé dans sa ville de prédilection, Carcassonne, laissant à son autre ville Béziers, le soin de se défendre seule.

Chap. ENCEINTE DE ST-LOUIS

Les herses sont baissées,

Les mangonnaux chargés,

Les matériaux amassés au bord des machines,

Les balistes et les pierrières armées,

L'huile bout sur le feu dans chaque maison.

Les hourds sont placés, les hommes d'armes et les archers sont à leur poste ; les capitaines et les chefs de guerre en conseil autour de leur Châtelain.

Aux portes de la ville, à l'aube, s'étaient présentés les malheureux échappés au terrible massacre de Béziers qui, le 22 Juillet, c'est-à-dire quelques jours auparavant, venait d'être pris et brûlé par les Croisés.

Les ruisseaux y coulèrent du sang ; tout fut passé au fil de l'épée, et comme les hommes d'armes, même les plus endurcis, hésitaient devant le massacre des enfants, devant celui des femmes et des vieillards, dans ce tumulte où tout périssait sans qu'on sut même à quelle religion appartenaient ceux qu'on tuait, le légat Amaury aurait prononcé ces mots qui, si c'était exact, déshonoreraient à jamais sa mémoire et resteraient accolés à son nom comme un blason sanglant : « Tuez tout, Dieu reconnaîtra les siens ».

Le flot de l'armée de Simon de Montfort et des Légats s'épandit dans cette journée du 1er Août 1209 autour de la Cité avec l'espoir de l'emporter d'un seul élan comme avait été emportée celle de Béziers, et se rua à l'assaut de la forteresse pendant que les chants du clergé rangé sur un tertre, croix et bannières déployées, dominaient même la clameur du combat ; mais les Croisés avaient compté sans Roger de Trencavel qui parcourant la muraille renversa de ses mains les échelles qui étaient déjà dressées contre les remparts du Nord ; qui ensuite sauta dans le fossé et ayant donné l'ordre à ses capitaines de faire une sortie pour refouler vers la porte du mur extérieur au-devant de laquelle ils s'était placé, tous ceux des assaillants qui avaient déjà réussi à pénétrer entre ce mur et l'enceinte, abattit de sa hache comme l'aurait fait un boucher formidable tous ceux qui passèrent à sa portée, si bien qu'en rentrant dans la Cité il put dire avec orgueil qu'il avait fait bon compte à la forteresse et qu'il avait abattu un homme pour chaque pierre.

Pendant quinze jours et quinze nuits que dura ce siège où on se battit sans relâche, où la ville pressée par une nuée d'hommes résista aux assauts furieux sans cesse renouvelés, où les tours du Nord par où venait l'attaque se tordirent en quelque sorte sous la poussée dont elles gardent encore l'effort, où chaque pierre eut un choc à recevoir, où la sape menaça le pied des remparts et des tours en même temps que les échelles à crampons de fer écrétaient les parapets, où Roger de Trencavel accomplit des exploits de force et de courage inconnus jusqu'à lui, un secours parut arriver aux assiégés. Pierre d'Aragon oncle de Roger de Trencavel put pénétrer dans la Cité sur sauf-conduit de Simon de Montfort, mais l'espoir que sa venue avait fait naître dans le cœur de sa population fut bientôt déçu, car il n'y vint pas pour combattre au profit de Roger, mais pour faire entrevoir les horreurs réservées à la ville si elle était prise d'assaut.

Roger de Trencavel qui, s'il ne s'était agi que de lui n'aurait pas toléré une seule parole de capitulation, pas même l'ombre d'une humiliation, eut encore un de ces élans de générosité et de pitié dont il était coutumier.

La maladie, les blessures, la putréfaction d'hommes et de cadavres d'animaux portaient la désolation dans la Cité ; la soif commençait à torturer les assiégés ; les puits, en cette chaude saison, étaient taris.

Sans doute on avait ouvert le souterrain allant jusqu'à la rivière et par là, avec des fatigues infinies et des dangers sans nombre on pouvait donner une écuelle d'eau à chaque habitant, mais qu'était ce peu pour étancher leur soif ardente dans ces batailles continues, pour arrêter les incendies, alimenter la résistance avec l'eau bouillante qui remplaçait l'huile épuisée ?

Tous étaient prêts cependant à suivre leur Suzerain jusqu'à leur dernier souffle, mais le cœur d'airain de celui-ci mollit devant tant de souffrance et de dévouement, et par pitié pour ses vassaux, pour ses hommes d'armes, il autorisa Pierre d'Aragon à dire qu'il accepterait les conditions qu'il pourrait obtenir. Mais lorsqu'au retour de son mandataire il apprit que ces conditions étaient qu'il pourrait sortir avec douze chevaliers, lui et eux armés et à cheval, et que tout le reste serait livré à merci, il se releva comme un lion blessé et déclara que plutôt que d'accepter des conditions qui livraient la population de la Cité au horreurs du massacre alors qu'il resterait sauf, il aimait mieux être écorché vif.

Son oncle Pierre d'Aragon approuva sa conduite, mais tout en approuvant, il n'osa pas prendre parti et se retira marri dans un sentiment de faiblesse qui le diminua et l'abaissa aux yeux de tous en même temps que grandissait à ces mêmes yeux dans sa sublime abnégation la grande figure de Roger de Trencavel.

Les combats reprirent, les assauts se succédèrent, assauts où chacun fit des prouesses ; les hommes d'armes allaient, venaient dans les mêlées, haches levées, épées à double poignée tournoyant à toute volée au bout de leurs bras, masses d'armes hérissées de pointes fracassant les heaumes, les cuirasses et les hauberts. On se saisissait, on se laissait, on se heurtait, flot d'hommes se ruant ensemble et s'éparpillant ensuite après le choc comme l'écume des embruns. Un combattant blessé s'écroulait, se relevait parfois comme ces grands oiseaux qui blessés et perdant leur sang, cherchent encore à battre des ailes, retombait et mourait, puis sur son corps de nouveaux combattants arrivaient à la rescousse pendant que dans les ruelles montaient les lamentations et les cris des femmes éperdues.

La Cité demeurait imprenable.

Les tours s'effritaient, les créneaux comblaient les fossés, mais les poitrines remplaçaient les pierres.

Roger renouvelait ses formidables exploits parmi lesquels il en fut de surprenants : tantôt se faisant attacher à la ceinture par une longue corde, il se faisait descendre dans le fossé et là, à coups de hache, comme un bûcheron qui se fait une route dans la forêt, il abattait les assaillants qui se trouvaient sur son chemin, et lorsqu'on le remontait il lui arrivait parfois d'emporter avec lui à bout de bras un des chevaliers ennemis qu'il avait fait prisonnier au bas des remparts.

Tantôt pour terrifier les ennemis, cet adolescent enlevait son casque et se dressait sur les remparts, ses beaux cheveux flottant au vent, tel le Dieu de la Guerre, inaccessible à la crainte et insouciant des flèches qui sifflaient autour de son front. Il était partout, à tous les points faibles ; il ranimait les courages en se montrant ; il renversait de ses mains, dans les fossés, les échelles couvertes d'assaillants, il valait une armée et, en effet, presque seul dans cette ville où les morts étaient sans sépulture, entouré de blessés et de pestiférés, ne pouvant pas étancher sa soif, ne prenant ni repos, ni repas, veillant la nuit pour obliger une partie de ses hommes à se reposer, luttant tout le long du jour, il tenait à lui seul en respect cent mille Croisés et leur faisait entrevoir la nécessité de lever le siège.

LA TRAHISON

ROGER avait compté sans le génie infernal d'Amaury.

Simon de Montfort, un soldat ayant l'orgueil de sa parole, reconnaissait l'impossibilité de s'emparer de la Cité ; c'est alors que la casuistique du Légat entra en scène et dégagea ses derniers scrupules. On ne pouvait réussir par la force, il fallait réussir par la trahison. A ce moment fut conçu le plan d'amener Roger dans le camp des Croisés en lui donnant parole qu'il reviendrait sain et sauf dans la Cité si on ne s'entendait pas, mais il fut bien décidé qu'on ne tiendrait pas la parole donnée et qu'on s'emparerait de sa personne. Amaury rassura la conscience de Simon de Montfort en lui disant : « On ne doit pas garder la foi à qui ne la garde pas envers Dieu ».

Un des Chevaliers Croisés et des plus notables se rendit auprès du Vicomte Roger et l'engagea à se rendre au Camp, accompagné de cent Chevaliers, sous la sauvegarde de la parole de Simon de Montfort dont il se portait lui-même caution.

Qui eût pu douter d'une parole donnée à cette époque où l'honneur était la règle d'existence et où rien ne valait un serment ?

Forts de cette assurance, le 15 Août 1209, Roger et cent de ses Chevaliers se rendirent au camp de Simon de Montfort mais ils n'en sortirent plus ; la félonie et la trahison avaient fait leur œuvre.

Deux versions existent au sujet de la capture de Roger de Trencavel. La Légende dit que par ce souterrain auquel tout le monde ne croit pas, les habitants, prévenus du malheur auquel ils étaient voués par la disparition de leur Suzerain, s'enfuirent guidés par Pierre de Cabaret et abandonnèrent la ville où les Croisés, lorsqu'ils y entrèrent, ne trouvèrent que des malades, des mourants et des morts.

L'histoire prétend que les Croisés entrèrent sans résistance dans la ville privée de son chef, en chassèrent les habitants mais les obligèrent à fuir en chemise. La soldatesque s'amusa ensuite à en tuer le plus qu'elle put, dans les champs et autour de la ville.

Roger fut ramené dans la Cité de Carcassonne, mais il y rentra chargé de fers et fut emprisonné dans une des tours du Château, certains disent dans la Tour Pinte, où sa captivité dura jusqu'au 10 Novembre 1209 jour où le poison eut raison de lui.

La Légende, et des plus touchantes, s'est aussi emparée de cette mort. Elle a montré Roger au moment d'être sauvé par le dévouement d'une esclave Maure qui se livra à son geôlier pour permettre à un des compagnons d'armes du prisonnier qui n'avait pas quitté les environs de la Tour Pinte depuis la captivité de ce dernier, de s'introduire dans la Tour, d'apporter à Roger une épée que celui-ci transfiguré ceignit en s'écriant ! « A moi la liberté ! », mais qui ne put empêcher le geste du Vicomte s'emparant d'une coupe laissée criminellement à sa portée, la vidant et tombant foudroyé par le poison qu'une main inconnue avait versé dans le breuvage.

Quelle que soit la véracité du récit, la vérité est que jamais plus noble, plus belle et plus séduisante figure n'irradia les fastes de la Chevalerie et de la Féodalité. Jamais homme de plus de cœur, de plus de vaillance et de plus de loyauté ne revêtit une armure ; jamais Province féodale n'eut plus beau et plus vaillant Suzerain ; jamais Noblesse n'eut plus fier représentant ; jamais l'Humanité n'eut plus illustre et plus ferme champion.

Chap. ROGER DE TRENCAVEL

Dans l'histoire des Gaules se dressa devant Rome la grande figure de Vercingétorix s'immolant pour sauver ses compagnons de guerre, succombant dans le rêve héroïque de délivrer la Gaule du génie militaire de César, mais expiant ensuite dans l'humiliation du char triomphal auquel il fut attaché, dans les affres du cachot de l'Aventin où il fut enfermé pendant six ans avant d'y être étranglé, le crime d'avoir tenu tête aux Légions et parfois victorieusement comme à Gergovie, d'avoir fait hésiter un instant la fortune des armes et d'avoir tenté d'arracher son Pays à l'étreinte des Aigles romaines.

Aux dernières heures de la Féodalité se dresse non moins grande la figure de Roger de Trencavel se livrant, lui aussi, puis trahi, emprisonné, empoisonné, succombant comme son grand ancêtre dans un rayon de gloire et pour la cause de l'humanité.

Pourquoi faut-il que si grandes et nobles victimes tombent dans l'histoire du monde, jalonnant la route de l'avenir ? Etres particuliers et grandioses qui perdus dans les obscurités de leur époque sont sous une poussée mystérieuse les inspirateurs des grandes idées, les victimes des grands sacrifices et de leur martyrologe font l'indestructible levain des Ages futurs.

Peut-être le faut-il. Des destinées vouées à de tels exemples n'auraient pas, sans le drame de leur mort, frappé les imaginations et dominé l'Histoire, cette éternelle Semeuse qui fertilise, avec le sang, les Temps qu'elle ensemence.

Le rapprochement de ces deux hommes, tous deux jeunes, ardents, d'un courage et d'une intelligence suprêmes, m'a paru nécessaire.

Puisse un jour de même qu'à Alésia retrouvée, se dresse la

statue de Vercingétorix, celle de Roger de Trencavel, s'élever sur la place du Château, dominant la vieille ville qu'il anima d'un si large esprit.

Par delà les Monts qui les sépareraient ces deux statues se faisant face pourraient par l'invisible fil qui perçoit les ondes de la télépathie humaine, faire communier dans la fierté et le rayonnement de leur caractère, ces deux adolescents héroïques dont l'un pour sauver son pays tint tête à César, dont l'autre pour affirmer le droit à l'indépendance et à l'humanité, barra, aux dépens de sa vie, la route à la persécution religieuse, précurseurs l'un et l'autre et fondateurs, dans la nuit des temps, du grand sentiment français.

EPILOGUE

LA Cité après toutes les vicissitudes de son existence est l'objet de la curiosité mondiale et l'orgueil de la ville de Carcassonne dont elle fut le berceau.

Comme j'ai tenté de l'écrire, on doit honorer en elle plus qu'un amas de pierres héroïques, et plus qu'un monument complet d'architecture militaire. On doit se souvenir que si elle a perdu un jour, après de formidables assauts, sa vie indépendante et fière, elle la perdit pour la défense des idées de tolérance et d'humanité ; que six cents ans avant la Déclaration des Droits de l'Homme son Seigneur féodal et ses vassaux, communiant dans les plus nobles et les plus hauts sentiments, aimèrent mieux périr que de manquer aux devoirs d'hospitalité et de sauvegarde qu'ils s'étaient imposés envers les proscrits de la Provence.

Il faut bien remarquer que Roger de Trencavel et ses sujets n'étaient pas des hérétiques ; ils étaient catholiques, soumis aux lois de l'Eglise et adonnés au culte chrétien ; aucune idée de schisme ne les guida, mais ils eurent la volonté et la conception étranges et surprenantes au début du XIIIe siècle, de respecter la liberté des autres, et en plein Moyen-Age où tout était anathème, de protéger contre cet anathème ceux-là qui l'avaient encouru et de les protéger non pas parce qu'ils étaient hérétiques, relaps, faidits, Manichéens ou Schismatiques, mais parce qu'ils étaient des hommes et qu'ils relevaient de la grande loi humaine.

Que les Républiques aillent donc à ces sources lointaines, qui jaillirent du sol dans un court trait de temps avant de disparaître à nouveau dans les abîmes souterrains pendant plus de six siècles, puiser des leçons de tolérance et y apprendre à se dévouer aux grandes et généreuses idées !

On a modernisé la Cité par des fêtes théâtrales, mais seuls les drames à l'antique peuvent s'adapter à son ossature ; dès qu'une œuvre, quelle que soit la notoriété de son auteur, n'est ni dans le cadre ni dans l'allure historique de la forteresse, on dirait que celle-ci se détourne de ce qui se passe à ses pieds et qu'elle reste indifférente à tout le bruit mondain qui se fait à son ombre.

Plus forte fut l'impression que me laissa dans une de mes récentes visites à la Cité la vue d'une femme misérable avec, à ses côtés, ses deux jeunes enfants, laissés sans asile, sans secours, sans abri, par les rigueurs administratives de l'Assistance. La forteresse, elle, avait donné un gîte à la pauvresse qui vivait dans une anfracture de muraille, dans l'épaisseur du rempart sud ; et, en voyant cette nichée d'êtres humains à qui la compassion des passants assurait une misérable existence matérielle, blottie, gîtée dans une alvéole du rempart, je songeais à ce que devaient être après la prise des villes les malheureux errants voués à la famine et au massacre, bêtes traquées que les anfractuosités des pierres pouvaient seules cacher un instant et je me disais : « C'est

Chap. LES SOUTERRAINS

pour ces proscrits, ces pourchassés, ces misérables, que la Cité de l'an 1209 donna son existence et succomba, du sommet à la base, de son Seigneur à son dernier manant ».

Elle avait repris devant moi, cette Cité, à l'aspect de ces trois êtres tapis dans ses flancs, ses grandes traditions et je la compris davantage. C'était toujours la même citadelle secourable, mettant la force de ses murailles à la disposition de la faiblesse, couvrant de son indestructible puissance deux pauvres petits abandonnés par les hommes, les protégeant de son ombre et couvrant cette chair meurtrie, débile et grelottante de son aile de pierre.

On a surtout et si bien compris, même les plus indifférents, même ceux qui n'ont pas pénétré la Cité dans les tréfonds de son histoire, que ce fut vraiment la Ville de Guerre et que c'est la main puissante de son passé héroïque, fait d'indomptable fierté et de terribles combats, qui doit la soulever et la dresser devant la postérité, qu'à la clôture des fêtes annuelles on l'apothéose par son embrasement.

Ce n'est pas une illumination qu'on fait en son honneur, ce n'est pas une féérie de charme et de clarté qu'on tente de créer, c'est son embrasement, c'est-à-dire l'incendie de ses hourds, l'éclat des torches incendiaires, la nappe enflammée des matières résineuses ou de l'huile brûlante ; c'est la suprême convulsion dans des torrents de fumée et de rouges lueurs, à laquelle il ne manque que les cris de détresse, d'appel et de colère, les râles des hommes d'armes, la fuite éperdue des habitants.

La Cité et son bûcher, telle est la vision qui éclaire le ciel, se réfléchit dans les eaux du fleuve, impressionne le spectateur et émeut la foule. A cette heure-là la Grande Ancêtre se dresse dans la pourpre du sang qu'elle versa pour la défense d'une idée et pour l'éternel honneur de notre race.

1914 - 1920

A l'heure actuelle la vieille ancêtre, Reine des combats d'antan, se dresse plus fière encore sur sa colline.

Comme haussée sur ses fondements, elle a écouté, pendant plus de quatre années, les bruits de guerre que lui apportait le vent qui vient du Nord ; aujourd'hui elle livre son front au souffle de la Victoire.

C'est que là-bas, sur la terre de France, dans l'axe même des champs où eurent lieu au Ve siècle, les grands chocs de Races, l'héroïsme de nos soldats a tenu tête à la barbarie des Huns et l'a refoulée dans des batailles qui ont réveillé les mânes de tous les guerriers tombés sur notre sol.

L'aïeule peut être fière de ses jeunes descendants.

Mânes de Vercingétorix, Mânes de Roger de Trencavel, levez-vous ! La semence de bravoure immortelle et de courage surhumain que votre sang répandit a levé. Les Francs d'aujourd'hui ont déployé la même vaillance, donné le même effort et sont tombés pour libérer l'avenir et sauver le Monde civilisé.

Sainte et merveilleuse Cité, arbore les fanions, mets tes hourds, sonne dans tes olifants, reprends ton aspect de bataille en leur honneur; sois fière d'eux et réserve-leur ta maternelle étreinte !

Que chacune de tes pierres tressaille d'orgueil et que la vibration de la guerre sacrée qui vient de finir, victorieusement, les anime !

Fidèle à ta destinée, reste la Guerrière aux cents Tours et domine plus fièrement que jamais ce sol où, bercés par la renommée et le souvenir pieux des hommes, dorment tes arrière petits-fils Morts pour la Patrie !

J. R.

TABLE

Du

même

Auteur

- L'Agriculture -

dans le département de l'Aude

*Ouvrage diplômé
par la Société des Agriculteurs de France*

———

L'Ame Terrienne

- (Argelliers) -

———

VA PARAITRE :

La Poussière du Chemin

(Film d'une vie)

———

EN PRÉPARATION :

L'Ame Française
- VERDUN -

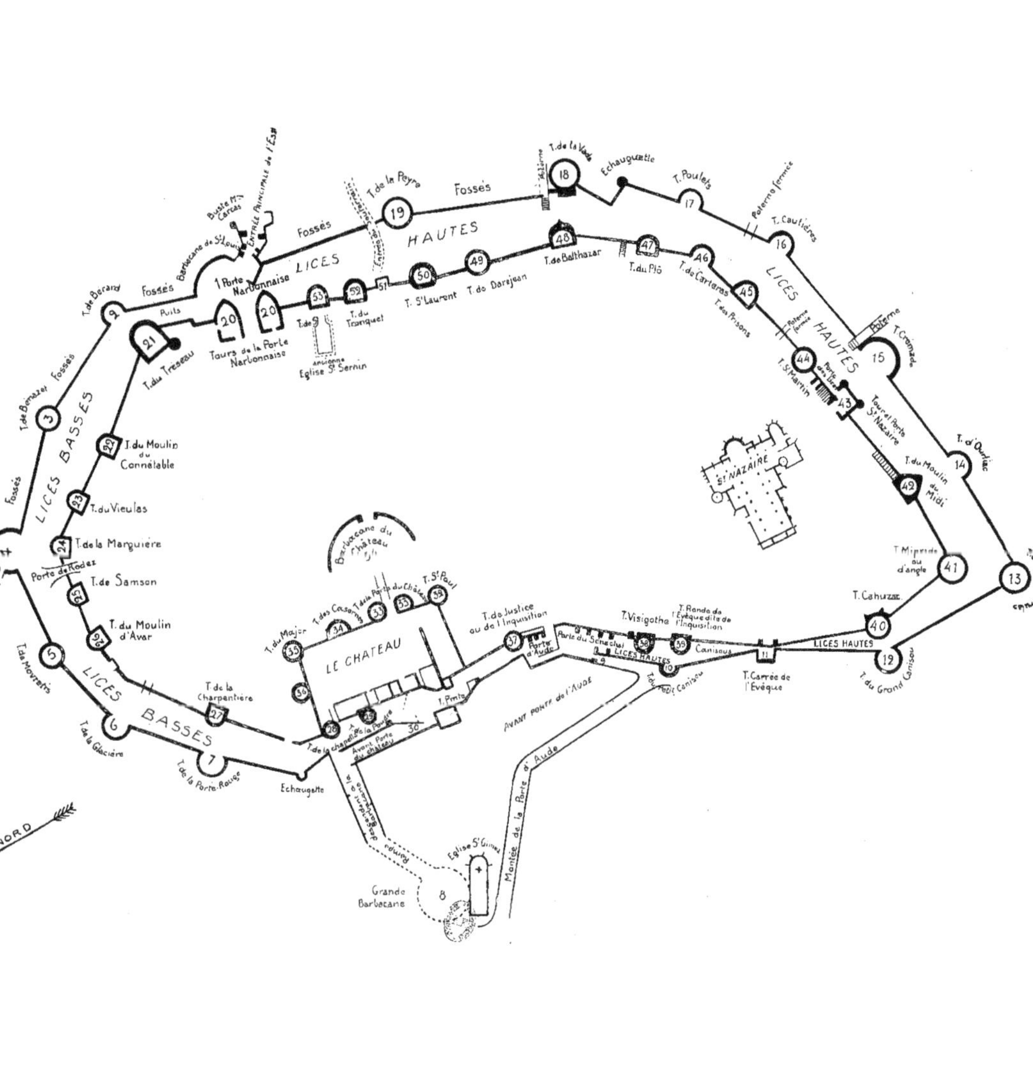

T. de la Vade
Echauguette
T. Poulets
Poterne fermée
T. de la Peyre
Fossés
T. Caulières
Poterne
19
HAUTES
16
Buste M11 Carcas
Barbacane de St Louis
ENTREE PRINCIPALE de l'Est
Fossés
LICES
48
47
46
T. Crémade
1 Porte Narbonnaise
50
49
T. de Balthazar
45
LICES
T. de Bérard
Fossés
20
20
53
59
51
T. St Laurent
T. de Darejean
T. du Plô
T. de Cartaras
HAUTES
2
Puits
T. de 9
T. du Tranquel
T. des Prisons
15
21
Tours de la Porte Narbonnaise
44
Poterne fermée
T. du Tresau
ancienne Eglise St Sernin
T. St Martin
43
T. d'Ourliac
3
22
T. du Moulin du Connétable
Tour et Porte St Nazaire
14
T. du Moulin du Midi
23
T. du Vieulas
St NAZAIRE
42
24
T. de la Marquière
Fossés
T. Mipade ou d'angle
41
13
4
25
T. de Samson
Barbacane du Château
Porte de Rodez
T. Cahuzac
40
26
T. du Moulin d'Avar
T. St Paul
T. des Casernes
T. de la Porte du Château
T. Ronde de l'Evêque dite de l'Inquisition
T. de Morreris
5
34
33
55
58
T. de Justice ou de l'Inquisition
T. Visigotha
56
LICES
57
59
LICES HAUTES
35
Canisou
LICES
LE CHATEAU
Porte du Sénéchal
Porte d'Aude
11
T. de la Charpentière
36
10
T. Carrée de l'Evêque
19
BASSES
27
T. Petit Canisou
T. du Grand Canisou
T. de la Glacière
6
29
T. Pinte
30
7
26
T. de la chapelle de la Poudre
Avant Porte du château
Avant Porte de l'Aude
T. de la Porte Rouge
Echauguette
Rampe
Eglise St Gimer
Montée de la Porte d'Aude
Grande Barbacane
8
NORD